Christjan Ladurner

W0469842

Mystische und stille Orte in Südtirol

Eine Reise durch ursprüngliche Welten

TAPPEINER.

VINSCHGAU

MERAN UND UMGEBUNG

ÜBERETSCH UND UNTERLAND

BOZEN UND UMGEBUNG

EISACKTAL UND WIPPTAL

PUSTERTAL UND DOLOMITEN

MYSTISCHE UND MEDITATIVE WANDERUNGEN

GEHEIMNISVOLLE PLÄTZE

TRADITIONELLE EINKEHREN

EINKAUFTIPPS

DER AUTOR

Der Autor Christjan Ladurner wird selbst langsam „alt". Geboren 1961, gehört er schon zu der Generation, die gerne mahnend auf das Tagesgeschehen zeigt und, da er sich gemächlich der Weisheit nähert, auch gerne Ratschläge erteilt. Er ist im Großraum Tirol geboren, wurde jedoch schnell genug in den südlichen Teil überführt um als echter Südtiroler auftreten zu können. Obwohl er schon das halbe Leben lang seine Zeit gerecht zwischen Europa und Kanada verteilt, kennt er sich gut aus im „Landl". Er bereist die letzten Winkel mit seinen Gehwerkzeugen und betrachtet als Luftbildfotograf das Geschehen von oben. In dem vorliegenden Buch hat er sich manchmal recht kritisch über sein gelobtes Land geäußert, das er natürlich liebt wie alle Südtiroler. Ist es einfach das fortgeschrittene Alter oder vielleicht ein wenig Frustration über das Geschehen im „Landl"?

VORWORT

Liebe Reisende,

mit diesem Buch werden Sie vielleicht eine kleine Welt in Südtirol entdecken, die es eigentlich schon lange nicht mehr geben sollte. Ob es die bessere ist als die restliche Tiroler Welt, darüber müssen Sie zu guter Letzt selbst entscheiden. Das Wort Ruhe, die Selbstfindung, die Rückkehr zum einfachen Dasein, wenn auch nur für kurze Zeit, sind inzwischen zum Wunschtraum eines Großteils der „stressgeplagten" Bevölkerung in den Erstweltländern geworden. Fast zwei Jahre lang bin ich den „Überresten" Südtirols gefolgt, habe sie besucht und mich von ihnen verzaubern lassen.

Ob es auch bei Ihnen funktionieren wird, das kann ich weder voraussagen noch garantieren. „Sich selbst zu finden" ist ein schönes Gefühl, sich selbst in „aller Ruhe" zu finden ein noch schöneres! Die Welt wird sich weiterhin unablässig verändern, genauso wie dieses Land. Ob zum Besseren oder zum Schlechteren, das wird wohl nur die Zukunft zeigen. Und wie hat es Karl Valentin so trefflich formuliert: „Früher war selbst die Zukunft besser". Die Art und Weise, wie ich als Autor die Dinge sehe und beschreibe, ist eine rein persönliche …

Christjan Ladurner

VINSCHGAU

1 ROJEN

Rojen blickt auf die moderne Welt und die moderne Welt blickt auf Rojen, begierig ihre Hände nach dem Weiler ausstreckend, der sich jedoch beharrlich am Berghang festklammert.

Weit hinten im Rojental, dort wo man keine Menschenseele mehr vermutet, liegt auf 2000 Metern Meereshöhe der Weiler Rojen. Gemeindemäßig gehört er zu Graun am Reschensee. Rojen zählt zu den höchstgelegenen Siedlungen in Südtirol, die ganzjährig bewohnt sind. Die 14 Einwohner des Weilers sind hauptsächlich in

der Landwirtschaft tätig. Schule gibt es keine in Rojen; ein Schulbus bringt die Kinder täglich hinunter in die Ortschaften am Reschensee, wo sie die Volks- und Mittelschule besuchen. Dafür gibt es einen Gasthof in Rojen, der sich auch Gasthof Rojen nennt, und der eine gute Küche und die Möglichkeit zur Übernachtung bietet. Zum Einkaufen muss man wiederum hinunter nach Reschen oder in eine andere, in der Nähe gelegene Ortschaft. Touristen gibt es in Rojen schon lange; ein paar wenigstens. Früher, als die Welt noch etwas ruhiger war, besuchte vor allem der Skitourist

Anfahrt
Von Meran durch das gesamte Vinschgau oder über den Reschenpass bis in die Ortschaft Reschen. Von dort weiter auf schmaler Straße bis in den Weiler Rojen.

Informationen
Ferienregion
Reschenpass-Graun
I-39027 Graun
Tel. +39 0473 633101
info@reschenpass.it
www.reschenpass.it

die kleine Ortschaft, um mit den Fellen am Tourenski die umliegenden Gipfel zu erklimmen. Die Umgebung von Rojen und der hinterste Teil des Rojentals, das auch Vallung-Tal genannt wird, bieten einmalige Bedingungen zum Skibergsteigen. Inzwischen hat sich auch der Schneeschuh- und Winterwanderer in dieser Gegend eingefunden, um einerseits die Einsamkeit zu genießen, andererseits belehrend seinen Kopf über den Skizirkus auf der gegenüberliegenden Seite zu schütteln. Dort sind denn auch einige der 14 Rojener neben ihrer Arbeit in der Landwirtschaft auch in der „Tourismusindustrie" tätig geworden.

Im Dorfgasthof finden 18 Urlauber ihre Ruhe, dazu gibt es zwei Ferienwohnungen mit insgesamt sechs Betten und einen Bauernhof, auf dem sich der Tourist einquartieren kann. Wenn man einmal absieht von der „pfarrerlosen", gotischen Kirche zu St. Nikolaus, die im 13. oder 14. Jahrhundert errichtet wurde und besonders wegen der restaurierten Wandmalereien ein sehens-

wertes Kleinod ist, sowie von der herrlichen und wilden Bergwelt, so gibt es im Weiler Rojen überhaupt nichts zu sehen, was den „echten" und Rummel suchenden Reisenden ansprechen würde. So ist auch das Angebot an Freizeitbeschäftigungen im Weiler nicht besonders groß. Die Wanderschuhe zieht man am besten direkt im Zimmer an, denn kilometerlange und gut markierte Wege führen sozusagen überall hin, auch über die hohen Übergänge hinüber ins „gelobte Land", die Schweiz. Mit dem Bergrad kann man genauso wie mit den Tourenskiern und den Schneeschuhen ohne Probleme eine ganze Woche in der Gegend um Rojen verbringen.
An Stille und Ruhe, an Einsamkeit und Wildheit fehlt es in dieser Gegend trotz des nahegelegenen Skizirkusses nicht. Wer sich bescheiden und mit eigenem Antrieb durch die Bergwelt bewegen möchte, ist hier am rechten Ort. Und wer sich auch im Sommer in klarer Bergluft unter einem dicken Federbett zur Ruhe begeben möchte, hat seinen Platz in Rojen gefunden.

TIPP

Natürliches Ferienwohnen
Im Langtauferer Tal gelegen, verschont von jeglicher Hektik, umgeben von einer großartigen Gletscherwelt und der allgegenwärtigen Stille. Ein Null-Energiehaus aus Strohballen, mit Lehmwänden, Terracotta-Böden, Massivholzmöbeln, Baumwollstoffen und Wärme aus dem Kaminofen. Im Sommer das Tal wandernd durchstreifen, im Winter Spuren durch die Landschaft ziehen und zurückkehren in eine wohltuende Welt, die man allzu oft vergeblich sucht.

I-39027 Graun/Vinschgau
Tel. +39 0473 633432
www.fliri.net

2 PLANEIL

Planeil ist immer gleich geblieben. Vor dreißig Jahren, als wir mit den Militärlastwägen durch die Ortschaft gefahren sind, hat es mir gegraust. Heute sind mir die Stille und die Jahre, die nichts verändert haben, in Planeil willkommen.

Planeil war schon immer so. Obwohl Teile der Ortschaft etliche Male niederbrannten, wurde Planeil immer wieder so errichtet, wie es jahrhundertelang war. Man hat wohl keinen Architekten gefunden, der imstande war der Ortschaft ihren Charakter zu

nehmen. Als ich vor dreißig Jahren meinen Militärdienst in Glurns abdiente sind wir oft durch Planeil gefahren. Damals habe ich es den Fahrern der Lastwägen gegönnt; die Angst durch die steilen und schmalen Gassen von Planeil zu manövrieren. Im Winter, als die Gülle der an der Straße liegenden Ställe auf den Straßen gefror. Heute sehe ich Planeil anders. Eine kleine Fraktion der Gemeinde Mals, am äußersten Westrand der Ötztaler Alpen gelegen, ein rätoromanisches Haufendorf, das aus eng aneinander

gebauten Bergbauernhöfen besteht. Im Dorf gibt es eine kleine Bergschule, in der die Kinder der ca. 200 Einwohner unterrichtet werden. Ein typisches, aber in der heutigen modernen Zeit schon atypisches Vinschger Bergbauerndorf, das am steilen Hang klebt. Durch die abgeschiedene Lage in einem östlichen Seitental des Vinschgaus, eben dem Planeiltal, konnte sich Planeil einen sehr ursprünglichen Charakter bewahren. Die Ortschaft ist vom Tourismus wenig berührt und für den Erholungssuchenden eine wahre Oase. Das Klima ist nicht mediterran, der Vinschger Wind bläst uns oft um die Ohren, aber Planeil kann zumeist mit Schönwettertagen aufwarten und im Winter gibt es genug Schnee, um die Jahreszeit auch Winter zu nennen.

Obwohl in der Nähe der Hauptdurchzugsstraße nach Österreich und in die Schweiz gelegen ist Planeil von der Hektik des Alltages weitgehend unberührt. Sicherlich eine harte Sache für die Bewohner dieser kleinen Ortschaft, aber irgendwie vielleicht auch

gewollt. Wanderer finden eine naturbelassene Landschaft vor, im Planeiltal selbst gibt es nur einen Wirtschaftsweg, eine Naturstraße, der Wanderer muss sich also nicht mit dem üblichen Südtiroler Bergstraßen-Asphalt herumschlagen. Ebenso findet der Bergradfahrer eine stille und unberührte Gegend vor. Mehr gibt es im Sommer nicht zu tun in Planeil, es sei denn man arbeitet an einem Buch oder möchte ganz in Ruhe seinen Betrieb wieder auf die rechten Bahnen bringen. Aber sind es nicht die einfachen Dinge, die Ruhe, die Unberührtheit einer Landschaft, die wir in der heutigen Zeit besonders schätzen. Wenigstens einige von uns; mehr Platz gibt es in Planeil sowieso nicht.
Ach ja, und der Winter bietet endlose Möglichkeit zum Schneeschuhwandern und zum Skitourengehen.

Anfahrt
Von Meran auf der Staatsstraße durch das Vinschgau bis nach Mals. Kurz nach der Ortschaft der Beschilderung nach Planeil folgen. Vom Reschen kommend ist es möglich schon bei St. Valentin abzuzweigen und über eine schmale Straße Planeil zu erreichen.

Informationen
Ferienregion Obervinschgau
Tourismusverein der Gemeinden Mals, Schluderns und Glurns im Vinschgau
I-39024 Mals im Vinschgau
Tel. +39 0473 831190
mals@rolmail.net
www.ferienregion-obervinschgau.it

3 SCHLEIS

Ist man klein genug, so wird man ganz einfach vom „wirklichen" Dasein übersehen …

Obwohl Schleis nahe an einem der geschäftigsten Verkehrsknotenpunkte Südtirols liegt, scheint der Ort von der hektischen Reiselust sowohl der Touristen als auch der Einheimischen verschont geblieben zu sein. Der kleine, zur Marktgemeinde Mals gehörende Weiler liegt am Eingang des Arundatales auf 1062 Metern

Meereshöhe. Mals ist nur einen Steinwurf von Schleis entfernt, trotzdem muss sich niemand aus der idyllischen, sehr stark vom bäuerlichen Umfeld geprägten Landschaft in das bunte Lärmen der Marktgemeinde begeben. Hier in der Ortschaft gibt es einen kleinen Laden, der den Einheimischen gleichwohl wie den Touristen mit dem Notwendigsten versorgt. Die Pfarrei ist „bemannt“, ebenso wie der dorfeigene Kindergarten und die Volks-

TIPP

Garni Marianne

Gemütliches Haus, in dem besonders Wert auf die persönliche Betreuung in familiärer Umgebung gelegt wird. Kinder sind herzlich willkommen! Marmeladen und Alpkäse fürs Frühstück liefert der eigene Bauernhof. Ein Wintergarten mit geradezu unwirklichem Blick auf den Ortler, heimelige Zimmer mit viel Holz, eine finnische Sauna und eine große Liegewiese.

I-39024 Mals/Vinschgau
Tel. +39 0473 831588
Fax +39 0473 830711
www.garni-marianne.it

schule. Die 353 Einwohner des Weilers sind hauptsächlich in der Landwirtschaft tätig und auch im Handwerk, dazu eine Hand voll in der Tourismusindustrie. Zwei kleine Garnis, Marianne und Arunda, umsorgen den Reisenden, während er im Gasthof Goldener Adler sowohl nächtigen als auch als Passant speisen kann. Der „Vinschger" Radweg schlängelt sich direkt durch die Ortschaft, mit etwas Mühe kann auch der gemütliche Radfahrer die Steigung nach Burgeis und hinauf zu den Seen meistern. Einfacher geht es hinunter nach Glurns und weiter Richtung Meran. Und wenn die Beine müde werden, bringt die Vinschger Bahn Rad und Fahrer zurück bis nach Mals. Der Wanderer hingegen kann über die Malser Haide schlendern, hinauf wandern zum Kloster Marienberg oberhalb von Burgeis oder ins Arundatal pilgern, bis nach Schlinig, das weitaus geschäftiger als Schleis im Tal-Ende liegt. Vom Bahnhof in Mals gibt es eine Linienbusverbindung in den Weiler, der somit an die Vinschger Bahn, den Linienbus nach Österreich und in die Schweiz, sozusagen also an den Rest der Welt angebunden ist. Wer aber in die kleine Ortschaft kommt um hier seinen Urlaub zu verbringen, dem wird wohl kaum die weite Welt fehlen. Der Reisende wird versuchen in seiner begrenzten Zeit so viel wie möglich an Ruhe aufzusaugen, seinen Geist zu reinigen und vielleicht gelingt es ihm sogar, wieder zu sich selbst zu finden. Der Winter kann hart sein hier oben am Zusammentreffen der Täler. Schon die Vogelbeerbäume entlang der Vinschger Staatsstraße lassen uns erahnen wie wütend es der Wind hier treiben kann, aber vor allem aus welcher Richtung er hauptsächlich bläst. Als zentraler Ausgangspunkt für Skitouren ist Schleis sicherlich geeignet. Man muss allerdings jeden Morgen eine kleine Fahrt in Kauf nehmen, hat dafür aber die Auswahl zwischen Ost und West, der Schweiz und Österreich. Ein Ausflug ins Langlaufzentrum in Schlinig bietet sich in den kalten Monaten ebenso an wie eine Winterwanderung mit oder ohne Schneeschuhe.

Anfahrt
Von Meran oder vom Reschenpass kommend durch das Vinschgau bis nach Mals, wo die Straße hinüber nach Schleis abzweigt.

Informationen
Ferienregion Obervinschgau
Tourismusverein der Gemeinden Mals, Schluderns und Glurns im Vinschgau
I-39024 Mals im Vinschgau
Tel. +39 0473 831190
mals@rolmail.net
www.ferienregion-obervinschgau.it

4 TANAS

Einfach nur dasitzen und die Gedanken auf Reise schicken, nichts hören als die Ruhe, nichts sehen als die von den Bergen eingeschränkte Weite. Müssen wir wirklich wieder lernen das Einfachste im Leben zu finden?

Tanas, ein zur Gemeinde Laas gehörender Weiler am Vinschger Sonnenberg, soll im Winter die meisten Sonnentage des ganzen Tales haben. So erzählt man es sich wenigstens, denn ansonsten gibt es nicht viel, worauf die kleine Ortschaft, die auf 1430 m Meereshöhe liegt, stolz sein kann. So ganz stimmt das nun auch wieder nicht, man muss die Dinge nur von der richtigen Seite betrachten.

Sonnige Wintertage ermöglichen es dem Wanderer, von Tanas aus den vor ein paar Jahren angelegten Besinnungsweg auch in den kalten Monaten zu begehen, oder ganz einfach am Kirchenhügel in der Wintersonne zu sitzen und auf eine der urigsten und urtümlichsten Gegenden Südtirols zu blicken. Denn gerade gegenüber von Tanas liegt das wilde und unerschlossene Laaser Tal, eingerahmt von den vergletscherten Gipfeln der Ortlergruppe, die von dieser Seite nur der echte Bergsteiger kennt. 1837 lebten in Tanas 21 Pferde, 406 Rinder, 471 Schafe und 86 Ziegen. Die Einwohnerzahl wurde nicht angegeben …

Im Jahre 1962 lebten im Weiler 300 Personen, eine relativ große Anzahl der Tanaser war im Handwerk tätig. Im Ort gab es einen Schneider, einen Schuster, einen Schmied und Weber, Zimmerleute und Maurer, die sich im dorfeigenen Laden versorgten und in einem der drei Wirtshäusern treffen konnten. Heute müssen die Tanaser über die Panoramastraße ins Tal fahren, um sich neben der Berglandwirtschaft ihr Zubrot zu verdienen. Bei der Volkszählung im Jahre 2000 lebten 179 Menschen im Weiler; viel wird sich daran nicht geändert haben. Dem kleinen Dorfladen wird wohl die im Jahre 1974 gebaute Straße langsam das Licht ausgeblasen haben, zwei der Wirtshäuser gaben ebenfalls ihren Betrieb auf. Trotzdem wird sich der ruhesuchende Tourist in dieser kleinen, schmucken Ortschaft, die inmitten einer einmaligen Landschaft liegt und sehr viel Charakter bewahrt hat, äußerst wohl fühlen. Inzwischen kann sich der Reisende neben dem Gasthof Paflur auch auf einem Bauernhof einquartieren. Die Menschen grüßen die „Fremmen" (Auswärtigen) die den Weiler besuchen; ein

gutes Zeichen im gelobten Land, in dem die Freundlichkeit oft zu wünschen übrig lässt. Sicherlich lassen sich die Bauern auf den Feldern oder die paar verbliebenen Handwerker zu einem Gespräch überreden, denn die Zeit verstreicht etwas langsamer hier oben am Sonnenberg. Das Auto kann man getrost in der Garage lassen und mit dem Vinschger Zug nach Laas anreisen. Von dort gibt es eine Busverbindung in den Weiler. Auch die verbliebenen Schulkinder müssen diese Reise täglich antreten, um sich in Laas auf das „weitere" Dasein vorzubereiten. Die Landschaft um Tanas entfaltet ihren besonderen Charakter im Herbst, wenn sich die karge Landschaft des Sonnenberges in eine Vielzahl von Farben hüllt. Dann werden die Wanderungen und der Besinnungsweg zu einem besonderen Erlebnis, der erste Schnee lugt zumeist schon von den Gipfeln der Ortlergruppe hinunter ins düstere Laaser Tal, während es die Sonne auch mit dem Winterwanderer gut meint auf der Tanaser Seite.

Anfahrt
Von Meran oder vom Reschenpass kommend durch das Vinschgau bis nach Laas. Nicht in die Ortschaft abzweigen, sondern auf der Vinschgauer Staatsstraße bis zur beschilderten Abzweigung nach Tanas und in einigen Kehren entlang des Sonnenberges hinauf in den Weiler fahren.

Informationen
Tourismusverein
Schlanders-Laas
Göflanerstraße 27
I-39028 Schlanders
Tel. +39 0473 730155
info@schlanders-laas.it
www.schlanders-laas.it

5 KARTHAUS

In Karthaus gibt es kein Entkommen. Die Ruhe überfällt den Besucher, um ihn in andere Welten und Zeiten zu entführen.

Der Verkehr hetzt durch das Schnalstal immerzu gegen das Tal-Ende hin, wo die moderne Welt schon vor langer Zeit pompös Einzug gehalten hat. Man verbringt den Urlaub umgeben von Beton und schwebt in einer riesigen Kiste lautlos auf den im Sommer stetig dahinschwindenden Gletscher, um mit Skiern über die armseligen Eisreste nach unten zu fahren. Bei der rasanten Fahrt durchs Tal hat man das „Relikt" übersehen. Karthaus, eine kleine Fraktion der Gemeinde Schnals auf 1327 m Meereshöhe gelegen, muss man besuchen wollen. In einigen

Kehren windet sich die Straße hinauf zu den ehemaligen Klostermauern, die einst die Kartäuser Mönche beheimateten. Der Dorfplatz und die schmalen Gassen sind dem Verkehr verwehrt geblieben; eine untypische Entscheidung im Touristenland Südtirol. Denn wie kommen denn die Touristen zu den Gasthäusern, Geschäften und Sehenswürdigkeiten, wenn von ihnen unverschämterweise verlangt wird, das Auto entweder am Ortseingang oder am Ortsende zu parken!
Für Ruhe ist gesorgt im Ortskern, Durchfahrtsverkehr gibt es keinen, sodass auch der Gast der „Goldenen Rose" mühelos seinen Schlaf finden kann. Es sei denn, die Schellen der weidenden Kühe und Schafe halten ihn wach.

Im Jahre 1924 hat ein verheerender Brand große Teile des Dorfes zerstört. Die Kartäuser Mönche hatten schon sehr viel früher das im Jahre 1326 gegründete Allerengelberg verlassen, nachdem Kaiser Franz Josef Ende des 18. Jahrhundert das Kloster auflöste. Die Baulichkeiten wurden an ansässige Bauern und Händler verkauft. Im Laufe der Jahrzehnte entstand so auf dem Grundriss der ehemaligen Klosteranlage ein einzigartiges Dorf. Das Priorhaus, der Kreuzgang sowie Reste der Klostermauern und der Klosterpforte sind dabei erhalten geblieben.
Der Mystik des Ortes konnte das Feuer aber nichts anhaben. Man kann sie heute noch spüren, wenn man durch das Dorf und den Kreuzgang streift, wo der Besucher im Sommer verschiedensten Kunstausstellungen begegnen wird.
Überall herrscht Ruhe, in Karthaus bewegt man sich langsam. Ganze 297 Einwohner zählt der Ort, sie treffen sich mit den Touristen in einem der beiden Gastbetriebe, die Karthaus zu bieten hat. Die heutigen Karthauser sind zumeist Arbeitnehmer, aber auch Bergbauern und Handwerker.
Untergebracht ist man im Hotel Goldene Rose, einem Haus, dem die moderne Zeit ebenfalls nichts anhaben konnte. Zudem gibt es im Ort eine Residence und zwei Privatzimmervermieter. In Karthaus passen eben die Dinge zusammen.

Alle für uns modernen Menschen wichtigen Dinge finden sich in der Ortschaft; eine Bank, ein dem schnellsten Postsystem der Welt zugehöriges Postbüro, ein Gemeindeamt sowie ein Gemischtwarenladen, in dem mehr zu finden ist, als man zu träumen gewagt hätte. Sogar die Volksschüler bleiben im Dorf!
Das Schnalstal liegt auf der Alpensüdseite, zählt zu den niederschlagsärmeren Gebieten Südtirols und wird vom milden, südlichen Klima der Region beeinflusst. Die Temperaturschwankungen zwischen den Winter- und den Sommermonaten sind daher gering. Zu tun gibt es wenig in Karthaus, was in der heutigen Zeit zum wirklichen Problem werden könnte. Im Sommer beginnen die Wanderwege direkt in der Ortschaft, im Winter kann sich der Tourist die Schneeschuhe oder Tourenskier unterschnallen. Am Dorfplatz die Ruhe zu genießen, sinnierend durch den Kreuzgang zu wandern, vielleicht ein Buch zu schreiben oder etwa gar nur über sein Dasein nachzudenken, sind weitere Möglichkeiten.
In die Betonwelt mit der auf und ab schwebenden Kiste zu fahren, um mit den Skiern über das schwindende Gletschereis zu kratzen und am Abend sein Tanzbein zu schwingen, ist ein Ausweg, der sich immer noch bietet. Wer aber möchte schon eine Welt verlassen, die es eigentlich nicht mehr gibt.

Anfahrt
Von Meran oder vom Reschenpass kommend auf der Vinschgauer Staatsstraße bis kurz nach bzw. vor Naturns fahren und dort ins Schnalstal abzweigen. Durch den unteren, engen Teil des Tales führt heute die Straße weitgehend durch Tunnels, vorbei an der Abzweigung ins Pfossental, bis kurz danach die Straße links hinauf nach Karthaus führt. Das Ortszentrum ist autofrei, doch gibt es genügend Parkplätze entweder direkt am Ortseingang links oder geradeaus weiter am Ortsende.

Informationen
Tourismusverein Schnals
I-39020 Schnals
Tel. +39 0473 679148
info@schnalstal.it
www.schnalstal.it

MERAN UND UMGEBUNG

6 PROVEIS AM DEUTSCHNONSBERG

Als Tourist wird man in Proveis „erkannt", auch wenn man „einheimisch" spricht. Die Menschen haben noch Zeit für den Besucher, denn die Zeit ist hier „wertlos" geblieben. Ich blicke über den Rand meiner Kaffeetasse auf den Dorfplatz, den eine einsame Person gedankenverloren überquert. Ein Tourist …

Proveis ist mit 1422 Metern die höchstgelegene Ortschaft am Deutschnonsberg und man könnte sie ohne weiteres als Enklave bezeichnen. Einst Sitz einer berühmten Spitzenklöppelschule, war die Ortschaft bis vor nicht allzu langer Zeit nur sehr um-

ständlich über den Gampen- oder Mendelpass erreichbar. Vielleicht ist gerade deshalb ihr Charakter eines unberührten Naturparadieses bewahrt worden. Durch den Bau der Hofmahdstraße als Verbindung zwischen dem Ultental und dem Deutschnonsberg ist Proveis seiner eigentlichen Heimat Südtirol etwas näher gerückt. Die Ortschaft ist auch mit dem Linienbus von Meran über Ulten erreichbar. Eine weitgehend unberührte Landschaft abseits des Massentourismus und der Hektik der modernen Welt machen den Besuch dieser Ortschaft zu einem außerge-

wöhnlichen Erlebnis. Proveis ist heute noch so wie es Südtirol früher einmal war. Die meisten der 280 Einwohner bearbeiten die umliegenden Gehöfte, von denen inzwischen acht „Urlaub am Bauernhof" anbieten. Im Dorf selbst gibt es vier Gastbetriebe, wo man sich gemütlich mit den Einheimischen in ein Gespräch verwickeln kann. In einem der Gasthöfe kann der Tourist übernachten, ebenso wie in einem nahe gelegenen Privathaus, in dem Zimmer vermietet werden. Das Angebot des kleinen Ladens ist weitaus größer und umfangreicher, als man es sich beim Eintreten erwartet. Hier gibt es so ziemlich alles, was man in einer „weit entfernten" Welt braucht! Das Schulleben der Proveiser Kinder beginnt im Dorf selbst, zur Mittelschule und auch zum Kindergarten müssen sie allerdings in das Nachbardorf Laurein. Hier oben ist das Klima mild, es gibt viel Sonne, aber auch relativ viel Niederschlag, was für schneereiche Winter sorgt, die sich oft schon im Oktober bemerkbar machen. Im Winter gibt es in Proveis eine große Zahl von Schneeschuhwanderrouten. Abwechslungsreich geht es durch Hochwälder, über weite Bergwiesen zu Almhütten oder quer durchs Gelände. Die geeigneten Schneeschuhe werden in der Ortschaft zur Verfügung gestellt.

Ein Ortskundiger steht bei den Schneeschuhwanderungen als Begleiter oder bei der Routenplanung mit guten Ratschlägen zur Seite. Im Sommer kann der Wanderer über das gut markierte Wegenetz die nahe gelegenen Almen (zum Teil auch mit dem geländegängigen Kinderwagen) erreichen oder einfache Gipfel in absolut einsamer Umgebung erklimmen. Die Proveiser Bergwelt mit ihrer außerordentlichen Vielfalt an Bergblumen ist bis heute ein fast unberührtes und einsames Wandergebiet geblieben. Wer absolute Ruhe und Entspannung sucht ist hier in Proveis am rechten Ort. Hier gibt es keine Tourismusinfrastruktur im herkömmlichen Sinne, der Gast ist angehalten, sich entweder mit der Natur auseinanderzusetzen oder sich mit den Einheimischen zu unterhalten. Touristen werden hier noch freundlich empfangen, man „schenkt" ihnen Zeit. Ein ideales Umfeld für den Schriftsteller, den ruhesuchenden Geschäftsmann, den Bergwanderer oder für die Familie, die sich ohne großes Zutun von außen zu beschäftigen weiß.

Anfahrt
Von Lana bei Meran ins Ultental bis nach St. Pankraz und weiter, vorbei am Pankrazer Stausee, bis die Hofmahdstraße links nach Proveis abzweigt (ca. 5,7 km ab Ortsende St. Pankraz). Oder von Lana über den Gampenpass und weiter nach Fondo, um kurz danach Richtung Proveis abzubiegen. Auch von Bozen über den Mendelpass und Fondo.

Informationen
Tourismusverein
Ultental-Deutschnonsberg
Tourismusbüro Ultental
I-39016 St. Walburg
Tel. +39 0473 795387
info@ultental-deutschnonsberg.info
www.ultental-deutschnonsberg.info

7 UNSERE LIEBE FRAU IM WALDE

Wir sollten öfters zu Pilgern werden, um in der Ruhe der Landschaft unsere Seele wieder zu finden. Denn wer einmal die Ruhe im Geiste gefunden hat, wird sie nie mehr missen wollen.

Schon um 1184 wird der Wallfahrtsort Unsere Liebe Frau im Walde das erste Mal urkundlich erwähnt, bereits 1194 entstand ein kleines Hospiz für Reisende, die über den Gampenpass kamen und bis heute pilgern fromme Menschen in diese kleine, direkt hinter dem Pass gelegene Ortschaft. Der Verkehr, der aus Südtirol über den Gampenpass klettert oder sich vom Trentino herauf

schlängelt, verpasst ganz einfach die schmale Einfahrt, die zu diesem 300-Seelen-Dorf führt. Gut so! Ein schmuckes und freundliches Dörflein, auf 1342 m gelegen, erwartet den neugierigen Touristen der sich die Mühe macht, doch abzuzweigen und in einem der vier Gasthöfe einzukehren. Gute Hausmannskost und eine gemütliche Umgebung erwarten den Reisenden, der sich vielleicht gar dazu entschließt, ein paar Tage hier oben zu verbringen. Die Zimmer in den Gasthöfen sind renoviert und auch sonst fehlt es an nichts im Dorf. Ein kleiner Dorfladen und der Metzger gerade daneben bedienen Gäste und Einheimische, so

TIPP

Gampengallery
Eine riesige Bunkeranlage aus dem Zweiten Weltkrieg, direkt am Gampenpass, teuer erbaut und niemals benutzt, ist zum Teil dem Besucher zugänglich gemacht worden. Die instand gesetzte Anlage, in der unter anderem Reinhold Messners Ausstellung „Bergvölker" gezeigt wird, soll nicht nur den Pass aufwerten, sondern die deutsch- mit der italienischsprachigen Welt verbinden.

Tel. +39 0463 886321
www.gampengallery.it
info@gampengallery.it

wie es früher üblich war; auch am Sonntag. Die Bewohner sind freundliche Menschen und verdienen sich ihr Dasein als Bergbauern, Handwerker und eine Hand voll auch mit den Touristen, wobei ein Gehöft dem Ruhesuchenden Unterkunft und Verpflegung (Urlaub am Bauernhof) bietet. Wer nicht mit dem eigenen Wagen über die kurvenreiche Straße des Gampen- oder Mendelpasses nach oben fahren möchte, kann in den Linienbus Meran–Fondo steigen, um sich in die Höhe chauffieren zu lassen. Auto braucht man eigentlich keines in Unsere Liebe Frau im Walde.
Die Wanderwege, allesamt gut markiert und beschildert, beginnen direkt am Dorfplatz und so kann man von dort aus über den Saurierweg auf den Gampenpass oder auch direkt auf den Gipfel des Großen Laugen steigen. Im Sommer schläft der Reisende ruhig und kühl. Keine Durchzugsstraße streift die Ortschaft, die Tagestemperaturen sind angenehm, die Nächte beim offenen Zimmerfenster frisch. Der Winter zeigt sich schneereich und sehr kühl. Wer ruhige Winterwanderungen liebt, ist hier am rechten Ort. Oft erstarrt auch in diesen kalten Monaten das Wasser des Weihers, um einige wenige Schlittschuhläufer zu tragen, während man auf der Naturrodelbahn die Kinder und ihre Begleiter lachen hört.

Anfahrt
Von Lana bei Meran zum Gampenpass und kurz weiter bis zur Abzweigung nach Unsere Liebe Frau im Walde. Von Bozen über den Mendelpass und den Nonsberg bis kurz vor den Gampenpass.

Informationen
Tourismusverein
Ultental-Deutschnonsberg
Büro Deutschnonsberg
I-39040 Laurein (BZ)
Tel. +39 0463 530088
info@deutschnonsberg.it
www.ultental-deutschnonsberg.info

8 ASCHBACH

An jedem Ende liegt ein Anfang; ein weiser Spruch, ein trauriger Spruch, ein fröhlicher Spruch, ein allzu oft unverständlicher Spruch …

Am Ende der Straße liegt Aschbach, ein winziger Weiler, der gemeindemäßig zu Algund gehört. Am Ende der Straße zu liegen ist normalerweise nicht gut, vor allem wenn man Tankstellen- oder Hotelbesitzer ist. In Aschbach gibt es nur zwei Gastbetriebe, beide liegen am Ende der Straße oder, wenn man so will, am Anfang der Seilbahn nach unten. Ich denke, in unserer Welt

voller Hektik, aber vor allem voller Autolärm, ist es kein Fehler am Ende einer Straße zu liegen. Als Urlauber ist man in Aschbach auch ohne Dorfladen bestens versorgt. Die Küche ist gut und reichlich. Reichlich ist auch so ein Wort, das langsam aus unserem Vokabular zu verschwinden scheint. Die Zimmer sind einfach und gemütlich, man kann sorglos bei offenem Fenster schlafen, während die kühle Vinschgerluft über die Federbetten streicht. Der Nörderberg, so nennen die Bewohner des Vinschgaus die nach Norden gerichtete Seite des Tales, ist zumeist mit

Anfahrt
Von Meran Richtung Vinschgau. Kurz nach der Töll (Flussstauwerk) zweigt links die schmale und kurvenreiche Straße nach Aschbach ab. Einfacher geht es mit der Seilbahn, deren Bergstation direkt am Rande des Weilers liegt. Mit dem Auto oder mit der Vinschger Bahn (Bahnhof direkt an der Talstation der Seilbahn) bis nach Rabland. Mit dem Auto am Ortseingang von Rabland links abbiegen und geradeaus weiter zur Talstation der Seilbahn. Auto braucht man in Aschbach auch als Urlauber keines.

Informationen
Tourismusbüro Algund
Hans-Gamper Platz 3
I-39022 Algund
Tel. +39 0473 448600
info@algund.com
www.algund.com

dichten Wäldern bedeckt und zeigt sich weniger freundlich als die Sonnenseite des Tales. Eine Laune der Natur hat auf 1360 m Meereshöhe einen Platz für diese kleine Siedlung geschaffen, deren Wiesen für ein Bergbauerndorf erstaunlich flach sind. Gerade gegenüber liegt die Texelgruppe; eine wilde Berglandschaft, die man so selten zu Gesicht bekommt. Zudem reicht der Blick weit hinein in den Vinschgau und die Abendsonne verlässt erst spät die Häuser und Wiesen von Aschbach. Die Seilbahn hält Ruhe im Weiler. Außer an den Sonntagen, wo es vielleicht etwas mehr Verkehr auf der langen Zufahrtsstraße gibt, benutzen die Wanderer und Aschbach-Besucher fast ausschließlich die Seilbahn. Die Bergstation liegt direkt am Ortsrand und die Bahn war über viele Jahrzehnte hin die einzige schnelle Verbindung ins Tal. Die sanfte Berggegend um Aschbach und die Höhenkuppe des Vigiljoch, die sich direkt über der Siedlung parallel zum Vinschgau entlang zieht, sind ein Paradies für Wanderer aller Altersklassen. Überall finden sich einfache und gut markierte Wege, die zu bewirtschafteten Almen führen und außerdem Aschbach mit dem Vigiljoch verbinden. Die vielen Almwirtschaftswege und Forststraßen lassen auch für Bergradfahrer keine Wünsche offen. Er oder sie können sich von Aschbach am Vinschger Nörderberg austoben oder übers Vigiljoch hinunter

nach Lana fahren. Radwege führen zurück in den Vinschgau und die Bahn nach Aschbach transportiert den Drahtesel wieder zurück in die Höhe. Und nachdem die Einheimischen, die am Sonntag gerne in den Weiler kommen um sich bei einem Bierchen und kräftiger Tiroler Kost auf die Arbeitswoche vorzubereiten, wieder verschwunden sind, kehrt totale Ruhe und Stille zurück ins Dorf. Dann bleibt dem Reisenden wiederum nicht anderes übrig, als sich neben der Kapelle Maria im Schnee auf den Hügel zu setzen und die Gedanken auf eine weite Reise zu schicken.

9 VIDEGG

Am „Ende der Welt" liegt Videgg. Auf alle Fälle am Ende der Touristenwelt …

Gar winzig erscheint uns der Weiler Videgg unter den steilen Granitwänden des Ifingers und der Plattenspitze. Und doch ist die Gegend, eingebettet in steile Bergwiesen und Lärchenwälder, sanft und lieblich. Der Blick reicht weit hinein ins Vinschgau, bis zu den Eisriesen der Ortlergruppe. Wer nach Videgg möchte, sollte sich auf eine kleine Reise vorbereiten. Mit dem Auto geht es zuerst kurvenreich hinein ins Passeiertal bis Saltaus.

Dort zweigt die Straße nach Tall und Videgg ab und schraubt sich endlos den Berg hinauf. Damit nicht genug, wird sie immer enger bis schließlich ein Fahrverbotsschild die Weiterfahrt zu der auf 1536 m hoch gelegenen Ortschaft „versperrt". Aus gutem Grund, denn in dem 30 Einwohner zählenden Weiler gibt es kaum Platz zum Parken. Die Weiterfahrt ist für Hausgäste erlaubt, der „gemeine" Autofahrer kann sich noch ein Stück des Weges weiterschwindeln, was ich nun wirklich nicht gesagt haben will, um vor der Ortschaft rechts zu parken. Am einfachsten

Anfahrt
Von Meran durch das Passeiertal bis nach Saltaus. Kurz nach der Ortschaft rechts ab, der Beschilderung nach Tall folgen. Über eine kurvenreiche und schmale Straße bis nach Obertall und weiter bis zum Parkplatz beim Fahrverbotsschild. Hausgäste können bis Videgg weiterfahren. Mit dem Auto oder Linienbus nach Schenna und weiter nach Verdins. Vom Ortsende fährt eine Seilbahn nach Obertall. In ca. 1 Stunde zu Fuß nach Videgg.

Informationen
Tourismusbüro Schenna
Erzherzog-Johann-Platz 1/D
I-39017 Schenna
Tel. +39 0473 945669
info@schenna.com
www.schenna.com

ist es wohl, mit der Bahn von Verdins, oberhalb von Schenna, nach Tall zu fahren und gemütlich in einer Stunde nach Videgg zu wandern. Dort angekommen fällt die Gasthofwahl recht schwer! Drei Gastbetriebe gibt es dort, zum Teil mit Quartier, und alle drei bieten einen gestandenen Speiseplan, in dem es an traditioneller Kost nicht fehlt! Man wird mit „du" angesprochen und kann auch mit du antworten, während man in aller Seelenruhe ein recht ordentlich bemessenes Stück Apfelstrudel mit Sahne, nicht aus der Tüte sondern von den Kühen, verzehrt. Pardon, natürlich kommt von den Kühen die fette Gebirgsmilch, die Sahne „folgt" erst später. Die meisten Bewohner von Videgg sind in der Berglandwirtschaft tätig oder nehmen die elendiglich lange Reise auf sich, um „auf dem Land" das Einkommen aufzubessern. Obwohl es bei der nahen Bergstation der Seilbahn nach Tall noch von Menschen wimmelt, ist es ruhig in Videgg. Eine andere Welt zeigt sich dem Wanderer und Reisenden, eine Welt, die so nahe an den unwirklichen Hotelpalästen von Schenna und am damit verbundenen, tobenden Touristenrummel liegt. Hier oben in Videgg wird man der „normalen" Welt in einer feinen Art und Weise entrückt. Wirklich, neben dem Wandern gibt es wenig zu tun im Weiler. Sogar der Bergradfahrer muss ordent-

lich in die Pedale treten um hier zu enden. Wenigstes kann er sich hier bei „Schöpsernen" (Schaf) und Knödel auf Vordermann bringen, bevor er wieder hinunter ins Tal saust. Wer aber dem Geist eine Pause gönnen, wer sich in eine Welt der Ruhe und Abgeschiedenheit entrücken möchte, der hat die lange Reise nicht umsonst auf sich genommen. Obwohl es hier oben keinen Laden gibt, keine Schule und keine Pfarrei, mangelt es nicht an Sonnenstunden und freundlichen Menschen.

10 RABENSTEIN

Während die Reisenden mit Hochgeschwindigkeit in die Tourismushochburg Pfelders oder übers Timmelsjoch rasen, liegt Rabenstein still und unbeachtet im Talgrund. Bald schon wird die Ruhe ein unbezahlbares Gut sein …

Dort wo einst das Wasser des Kummersees den Talboden bedeckte, liegt heute auf 1007 m Meereshöhe das Dorf Rabenstein. Von weit oben blicken die zum Teil vergletscherten Bergriesen der Texelgruppe und der Ötztaler hinunter auf die ca. 230 Bewohner der winzigen Ortschaft, die dort drunten ihr Dasein

als Bergbauern und Handwerker fristen. Obwohl im Sommer der Verkehr übers Timmelsjoch tobt und die durch die Kehren jagenden Zweiräder die karge Berglandschaft des Hinterpasseiers mit Lärm erfüllen, liegt Rabenstein unberührt von der Hektik im Talgrund. Man möchte meinen, dort drunten herrsche ewige Bewegungslosigkeit, doch wenn man sich doch einmal in die Ortschaft verirrt, erliegt man der Versuchung gleich ein paar Tage dort zu bleiben. Die Sonne streift den ganzen Tag über die lieblichen Bergwiesen, die Ruhe ist allgegenwärtig und

Anfahrt
Von Meran durch das Passeiertal nach St. Leonhard, weiter nach Moos, dort auf die Timmelsjoch-Straße abzweigen und fortsetzen nach Rabenstein. Von Österreich kommend durch das Ötztal und über das Timmelsjoch. Vom Brenner nach Sterzing, über den Jaufenpass nach St. Leonhard und Moos.

Informationen
Tourismusverein Passeiertal
Passeirer Straße 40
I-39015 St. Leonhard in Passeier
Tel. +39 0473 656188
info@passeiertal.it
www.passeiertal.it

Hektik kommt im Vokabular der Rabensteiner nicht vor. In den zwei Gasthöfen der Ortschaft findet man Unterkunft, wobei sich in einem der Betriebe, im Gasthof Rabenstein, ein kleiner Dorfladen befindet, der so wie schon früher üblich, das Notwendigste zum Überleben anbietet. Das ist vielleicht zuviel gesagt, denn zum Überleben in der heutigen Zeit brauchen wir auf alle Fälle ein I-Phone und einen schnellen Rechner. Beide Dinge werden im Dorfladen nicht zum Verkauf angeboten. Die Rabensteiner sind ein traditionsbewusstes Häuflein, die Pfarre ist noch besetzt und die „Musi" (Musikkapelle) marschiert an den hohen Feiertagen, aber auch zu weniger feierlichen Anlässen mit 25 Mann und Frau auf. Ein Teil der Musikanten ist auch in der Mannschaft der freiwilligen Feuerwehr vertreten und etliche sogar im Bergrettungsdienst, den es zu Recht in dieser Ortschaft gibt. Der Rabensteiner Nachwuchs ist noch groß genug um einen Volksschullehrer im Dorf zu beschäftigen. Das Bergwerk am

Schneeberg, heute ein besuchenswertes Schaubergwerk und einst das höchstgelegene Bergwerk Europas, gehörte ehemals zu Rabenstein und ist auf alle Fälle einen (langen) Ausflug wert. Die Ortschaft ist zudem eingerahmt von „unbekannten" und hohen, zum Teil vergletscherten Berggipfeln, die allesamt eine Besteigung wert sind. Keine klingenden Namen wie „Ortler" oder „König", dafür ist man auf den Anstiegswegen und Graten mit sich alleine! Im Winter gibt es Eisgarantie in Rabenstein! Ein im Sommer „außerirdisch" anmutendes Gerüst verwandelt sich in den kalten Monaten in einen riesigen Eiszapfen, auf dem Kletterer aus dem ganzen Land herumturnen! Natürlich muss man sich nicht unbedingt die Steigeisen an die Füße schnallen, sondern kann dieselben auch mit den Tourenskiern vertauschen. In der Umgebung von Rabenstein gibt es zahllose wilde, einsame und lohnende Skitouren!

TIPP

Bunker Mooseum

Eine Zeitreise durch die Geschichte des Hinterpasseier, sowie regionale Besonderheiten aus der Natur bieten sich dem Besucher im Inneren dieses Kriegsreliktes aus den 1940er Jahren. Geboten wird außerdem ein Klettergarten, und eine Gruppe Steinböcke kann im Gehege aus nächster Nähe beobachtet werden.

Öffnungszeiten:
März bis November, Dienstag bis Sonntag von 10–16 Uhr

Dorf 29a
I-39013 Moos in Passeier
www.bunker-mooseum.it

11 ST. GERTRAUD

Festhalten am Althergebrachten heißt festhalten an den Werten des Daseins. Die Entzifferung dieser Werte ist ein weit entferntes Ziel, das manche von uns nie erreichen ...

Das Ultental ist eines der wenigen Bergtäler in Südtirol, das sich einen Großteil seiner alten Tradition und Urtümlichkeit bewahrt hat. Obwohl in den meisten Ortschaften des Tales die „modernen" Architekten an den alten Mauern gerüttelt haben, konnten sich viele Gehöfte ihren Charakter bewahren. Eine weitere, angenehme Ausnahme ist die Ortschaft St. Gertraud, ganz hin-

ten im Tal gelegen, dort wo sich die Straße verschmälert und einmal links als Forstweg ins Kirchbergtal, sowie einmal rechts als geteerter „Urlaubsfahreralptraum" hinauf nach Weißbrunn führt. Auf einem Hügel, hoch über den Häusern der Ortschaft, steht das Kirchlein aus dem 14. Jahrhundert, während es sich am Ortsausgang Tal auswärts die Urlärchen gemütlich gemacht haben. Ein wahrlich beeindruckendes Naturdenkmal! Mit 1501 Metern Meereshöhe ist St. Gertraud das höchstgelegene Dorf des Ultentales. Eine kleine Streusiedlung, bei der man nicht ganz genau weiß, ob der Dorfkern oben bei der Kirche oder unten

Anfahrt
Von Meran oder von der MeBo-Ausfahrt Lana bis nach Oberlana und dort nach Ulten abzweigen. Weiter bis ans Talende des Ultentales, wo St. Gertraud liegt.

Informationen
Tourismusverein Ultental-Deutschnonsberg
Tourismusbüro Ultental
I-39016 St. Walburg
Tel. +39 0473 795387
info@ultental-deutschnonsberg.info
www.ultental-deutschnonsberg.info

beim Laden neben der Straße liegt. Die Hitze des Meraner Talkessels kann hier dem Wanderer und Urlauber rein gar nichts mehr anhaben. Wandern ist hier am Tal-Ende, in dieser kleinen Ortschaft, ein großes Wort. Direkt von der Ortschaft führen unzählige Wege hinein in die nahen Täler und hinauf in große Höhen. Wer grade Lust dazu hat, kann auch ins Italienische hinüber wandern, einfach nur so, um einmal dort gewesen zu sein. Zudem lugen die Gletscherberge der Ortlergruppe ins Tal; dazu gehören auch die Zufrittspitze und die eisbedeckte Hintere Eggenspitze: Große und ernst zu nehmende Touren weit hinauf in die alpine Welt. Immer wieder gibt es bewirtschaftet Almen und Schutzhütten, wer aber lieber seinen eigenen Proviant mitnehmen möchte, ist gut bedient im kleinen Dorfladen. Dort gibt es so ziemlich alles was man braucht und auch jede Menge Dinge, die nur eine begrenzte Einsatzmöglichkeit haben hier am Tal-Ende! 391 Menschen bewohnen die Streusiedlung und

den kleinen Dorfkern und sind hauptsächlich in der Berglandwirtschaft oder als Handwerker tätig. Dazu kommen acht Gastbetriebe, so sagt man jedenfalls in St. Gertraud. Wobei man zu den dorfeigenen Betrieben auch die gut und gerne vier Stunden entfernte Höchster Hütte zählt! Im Dorf selbst und in der näheren Umgebung finden sich immerhin noch sechs Betriebe, von denen einige auch die Möglichkeit zur Übernachtung anbieten. Im Winter kann man sich bei guter Schneelage schon im Dorf die Tourenskier unterschnallen; wer es etwas rasanter haben möchte, der kann auf die Schwemmalm zum Skitrubel oder nach Kuppelwies zum Langlaufen. Mit dem Linienbus natürlich, sorglos und eisfrei!

An Ruhe und Urtümlichkeit fehlt es nie in St. Gertraud. Zu merken gilt eine ganz einfache Regel: Hinter St. Gertraud wohnen die Stille und unberührte Natur, wem es aber zu ruhig ist in dieser Gegend der kann ganz einfach das Tal auswärts fahren!

TIPP

Hotel-Restaurant Arnstein

Auf 1500 m gelegenes Hotel mit 10 Zimmern, das in überlieferter Ultner Bautradition errichtet wurde. Täglich sechs-Gänge-Menu, zubereitet aus hochwertigen Frischprodukten. Das Ende des Tales garantiert Ruhe, Entspannung findet man auch außerhalb des Dampfbades, der finnischen Sauna, des Heubades oder der Biosauna.

I-39016 St. Gertraud/Ulten
Tel. +39 0473 798121
Fax +39 0473 798126
info@arnstein.it
www.arnstein.it

ÜBERETSCH UND UNTERLAND

12 FENNBERG

Wir Erdenwinzlinge haben große Begriffe geschaffen; Ruhe, Freiheit, Frieden, Stille … Nur zu finden wissen wir sie nicht …

Oberhalb der Steilwände der Salurner Klause, der Südtiroler „Staatsgrenze", liegt auf einem kleinen Plateau der winzige Weiler Fennberg. Er hat es gerade noch so geschafft auf der Südtiroler Seite zu bleiben … Ganze 71 Bewohner zählt die Streu-

siedlung, die sich, obwohl an sich schon winzig, auch noch in Ober- und Unterfennberg aufteilt. Der Eigenheiten nicht genug gehört Oberfennberg zum Gemeindegebiet Kurtatsch, während Unterfennberg der Gemeinde Margreid zugeordnet ist.
Busverbindung vom Tal herauf gibt es keine; deshalb bleiben zwei Möglichkeiten der Anreise. Entweder man fährt mit dem eigenen Wagen von Kurtatsch über eine schmale und kurvenreiche Straße

Anfahrt
Über die Brennerautobahn bis zur Ausfahrt Neumarkt/Auer und weiter nach Kurtatsch. Von dort schmale und kurvenreiche Straße nach Fennberg.

Informationen
Tourismusverein
Südtiroler Unterland
Hauptmann-Schweiggl-Platz 8
I-39040 Kurtatsch an der Weinstraße (BZ)
Tel. +39 0471 880100
www.suedtiroler-unterland.it
info@suedtiroler-unterland.it

nach oben, bis dieselbe schließlich endet und man so erkennt, dass man in Fennberg angekommen ist, oder man benutzt den langen Klettersteig, der von Margreid durch die Steilwände nach oben führt. Am Wochenende sollte man einen Ausflug in diese entlegene Idylle vermeiden, denn Fennberg war immer schon ein „Geheimtipp" unter den Einheimischen, die in einem der zwei Gastbetriebe Gegrilltes mit „Unterlandler Wein" hinunterspülen und sich stundenlang beim Kartenspiel unterhalten. Man kann auch übernachten in einer der beiden Wirtschaften, sollte sich das Kartenspiel etwas in die Länge gezogen haben, oder wenn man als Reisender ein freundliches Zimmer nahe der Provinzgrenze zu Trient sucht. Ruhe und die nächtliche Frische in den heißen Monaten sind im Zimmerpreis mit eingeschlossen. Inzwischen gibt es auch einen Bauern, bei dem man sich als Urlauber einquartieren kann. Der Fennberg ist eine verborgene, nostalgische Welt, zu der nicht nur die alten Gehöfte und urigen Gasthöfe gehören, sondern auch Mammutbäume und ein See. Das Wasser des Fenner Sees, ein auf 1034 Meter gelegenes Kleinod, das inzwischen zum schützenswerten Biotop erhoben wurde, erreicht im Sommer angenehme Temperaturen. Badegäste sind willkommen und der See bietet eine angenehme Abkühlung nach einer langen Wanderung. Gut markierte Wege und Aufstiege gibt es hier oben in Hülle und Fülle. Während die Massen der Wanderer durch die sich am Horizont abzeichnenden Dolomiten streifen, kann man von Fennberg aus in aller Ruhe über die Hochwiesen und durch die nahen Wälder wandeln. Zudem gibt es allerhand Interessantes in dieser kleinen Welt; einen Römerweg, der von Margreid/Entiklar aufs Plateau führt, den oben erwähnten Klettersteig, fünf Mammutbäume entlang der Straße, einen historischen Kupferschmelzplatz samt Schmelzöfen in Fennhals, das höchstgelegene Müller-Thurgau-Weingut und das Geburtshaus des Feldmarschalls Franz Philipp von Fenner, dem „Vater" der Kaiserjäger. Für ein entlegenes, naturbelassenes und äußerst ruhiges Kleinod ganz schön viel, zumal dieser Platz nur an Wochenenden zum „Geheimtipp" erwacht!

TIPP

Gasthaus Plattenhof

Die landesweit geschätzte gegrillte Schweinshaxe muss man sich redlich verdienen, denn der Plattenhof liegt am Ausstieg des Fennberger Klettersteiges. Bequemer erreicht wird die typisch Südtiroler Küche mit dem Auto! Wildgerichte auf Vorbestellung, im Garten nach einem Bad im nahe gelegenen See serviert.

Fennberg 16
I-39040 Margreid
Tel +39 0471 880356/881991
plattenhof@brennercom.net
Geöffnet von Ostern–November
Dienstag Ruhetag

13 GFRILL

Um irdische Güter anzuhäufen finden wir immer Zeit, leider haben wir kaum einmal Zeit uns daran zu erfreuen ...

Den winzigen Weiler Gfrill, der zur Gemeinde Salurn gehört, gilt es erst einmal zu finden. Die Ortschaft Buchholz, ebenfalls oberhalb von Salurn gelegen, ist wohlbekannt und touristisch erschlossen. Fährt man von Salurn nach Buchholz, so könnte man ohne weiteres glauben, dass dort die Straße zu Ende ist. Wagt man sich jedoch über das schmale und kurvige Asphalt-

band weiter nach oben, so erreicht man an seinem Ende die auf 1320 Meter Meereshöhe gelegene Ansiedlung Gfrill. Da es für die Kinder der 57 Einwohner keine Schule im Ort gibt, pendelt ein Kleinbus zwischen dem Weiler und Salurn. Er ist gerade groß genug für die paar Schulkinder, Linienbusverbindung gibt es keine und zwar aus folgendem Grund, wie mir freundlich erklärt wird: es gäbe nämlich keine Wendemöglichkeit für den Bus in Gfrill … Im Sommer ist es kühl hier oben, deshalb nutzen die Salurner diesen Ort zur Sommerfrische. Man muss sich

TIPP

Fichtenhof
Wenn Sie Ruhe und Natur schätzen, dann sind Sie im Fichtenhof gut aufgehoben: Im familienfreundlichen Gasthof, eingebettet in schöner Südtiroler Landschaft mit wunderschöner Sicht ins Tal, erholen Sie sich rasch vom hektischen Alltag. Gepflegte Gastronomie mit erlesener Vollwertkost aus unbehandelten Produkten des Biobauernhofes und überlieferten Rezepten, sowie Slow-Food-Prinzipien lassen die Speisen zu etwas Besonderem werden …

I-39040 Gfrill bei Salurn
Mobil +39 338 3028653
www.fichtenhof.it

allerdings organisieren, um hier die Sommerfrische verbringen zu können. Der „Urlaub am Bauernhof" hat es noch nicht bis hierher geschafft, aber im Ortskern, wenn man die drei Häuser am Ende der Straße so bezeichnen möchte, liegt ein Landgasthaus, in dem man verköstigt wird und auch Unterkunft findet. Das einzige übrigens … Die Gegend ist lieblich, man blickt nach Süden auf die Salurner Klause, die Grenze zwischen Südtirol und Italien, wenn man es so sagen will … Die Bergwiesen, die den Weiler umgeben, sind sanft und gehen in lichte Wälder über. Ein ideales Gebiet zum Wandern, wobei knappe zwei Gehstunden das Hochmoor Weißensee und nicht allzu weit entfernt der Schwarzensee liegt. Der europäische Fernwanderweg zieht direkt an der Ortschaft vorbei, aber das sei nur so nebenher erwähnt. Einsames Wandern wird großgeschrieben in Gfrill, die Einkehrmöglichkeiten sind allerdings spärlich gesät und zum Provianteinkauf muss man sich schon hinunter nach Buchholz bemühen. Auch der Bergradfahrer kommt auf den Forststraßen der Umgebung auf seine Kosten. Richtig „aufregend" wird es nie im kleinen Weiler, es bleibt eher ruhig und gemütlich, auch an den Wochenenden kann man nicht wegen Überfüllung klagen. Im Landgasthof kann allerdings schon einmal die Küche

„heiß laufen", allerdings kein Wunder bei den Mahlzeiten, die hier auf den Tisch kommen. Der Winter in Gfrill bringt kalte Tage mit sich, trotzdem wärmt die Sonne die Luft, geradezu ideal zum Winterwandern. In schneereichen Wintern oder etwas weiter oben, gegen das Trudner Horn hin, sind Schneeschuhwanderungen angesagt. Ansonsten wieder einmal sehr viel Ruhe und da es nichts zu tun gibt, auch Zeit zum Nichtstun, wobei sich der Innenhof und das Lesezimmer des Landgasthofes geradezu anbieten zum Sitzen und Nachdenken.

Anfahrt

Über die Brennerautobahn bis zur Ausfahrt Neumarkt/Auer und weiter über die Staatsstraße Richtung Süden bis nach Salurn, dort Richtung Buchholz und Gfrill abzweigen. Von Buchholz führt eine schmale Straße nach Gfrill.

Informationen

Tourismusverein Castelfeder
I-39040 Auer (BZ)
Hauptplatz 5
Tel. +39 0471 810231
info@castelfeder.info
www.castelfeder.info

14 ALTREI

Abgrenzen, eingrenzen, Provinzgrenzen. Aber was wir andauernd suchen ist die grenzenlose Freiheit …

Eigentlich gibt es in Altrei alles was eine ordentliche Ortschaft zum Überleben braucht. Altrei ist sogar eine eigene Gemeinde mit Bürgermeister und Pfarrei mitsamt dem dazugehörigen Seelsorger, hat eine Grundschule, eine Busverbindung in die Außenwelt und zurück, Urlaub am Bauernhof und sage und schreibe fünf Gastbetriebe, einen Buschenschank und die Krabes Alm nicht dazugerechnet. Es gibt auch eine stattliche Anzahl von

Altreiern, genaugenommen 393, aber vielleicht sind inzwischen auch der eine und andere dazugekommen. Bergbauern sind viele von ihnen, auch Handwerker, und einige haben sich dem zaghaft beginnenden Tourismus zugewandt. Kaffee wird angebaut in Altrei, Lupinenkaffee, eine wahre Besonderheit für ein Land in dem der Apfel dominiert und jeden Quadratzentimeter für sich in Anspruch nimmt, sollte nicht schon eine Weinrebe den Platz eingenommen haben. 1887 wird der „Altreier Kaffee" das erste Mal erwähnt und ich kann nur hoffen, dass die „allgemeine Gesundheitswelle" den Altreiern einen riesigen Absatz beschert.

TIPP

Krabesalm

Die südlichste und inmitten von Lärchenwiesen gelegene Alm Südtirols mit ihren kleinen, holzgetäfelten Stuben muss man sich schon erwandern. Die Mahlzeiten, alle frisch und mit hauseigenen Produkten zubereitet, werden auf den unter Birken und Vogelbeerbäumen stehenden Tischen serviert, wobei der Blick uneingeschränkt über die Lagoraigruppe schweifen kann.

I-39040 Altrei
Tel. +39 0471 882104
Mobil +39 336 873043

Ansonsten lassen sich nicht allzu viele „Auswärtige" blicken in diesem schmucken Dorf, von dem man auf die „welsche Seite" hinunterblicken oder über die Provinzgrenze ins Trentino spucken kann … Die Dorfläden, die ich vorhin zu erwähnen vergaß und deren zwei sich den Platz auf der „Hauptstraße" teilen, sind so wie sie früher waren. Vom „Schuhbandl" über die frischen Semmeln bis hin zu den Zaunnägeln gibt es hier sicherlich alles. Der Altreier fährt wohl gerne einmal hinaus in die Welt, sofern er nicht schon dort arbeitet, aber der ruhesuchende Tourist kann getrost im Dorf die „Schuhbandln" kaufen. Und wen der Einkauf müde gemacht hat, der findet gerade gegenüber das Dorfgasthaus, ein anderes Relikt an dem sich niemand zu stören scheint, vor allem aber kein „modern" denkender Architekt … Was habe ich noch zu erwähnen vergessen? Das milde Klima, angenehme Wanderungen in der schon etwas südlich anmutenden Umgebung, die Kneippanlage, den Sagenweg und natürlich die Ruhe, aber diese haben wir ja schon öfters kennengelernt in diesem Buch. Altrei ist einen Ausflug wert, einen längeren Ausflug oder vielleicht gar einen wochenlangen Ausflug. Wieder einmal drängelt sich der Verkehr über einen Pass, den San-Lugano-Pass an der Provinzgrenze zu Trient, und alle wollen in die nahen Dolo-

miten, die Abzweigung nach Altrei übersehend. Manchmal beschleicht mich dieses Gefühl, es ist fast schon ein Verdacht, dass wir die südlichen „Außenbezirke" unseres „Landls" vielleicht ein klein wenig bewusst ihrem Dasein überlassen. Es ist selbstverständlich nur ein Verdacht und genau gesehen vielleicht ein zukünftiger Vorteil. Ich bin überzeugt, dass wir bald schon die Ruhe und Einfachheit teuer bezahlen müssen …

Anfahrt
Über die Brennerautobahn bis zur Ausfahrt Neumarkt/Auer und weiter Richtung Fleimstal. Abzweigung nach Altrei am San-Lugano-Pass, Provinzgrenze zu Trient.

Informationen
Tourismusbüro Altrei
Rathausplatz 1/c
I-39040 Altrei
Tel. +39 0471 882077
info@trudnerhorn.com
www.trudnerhorn.com

15 OBERRADEIN

Ein Straßenschild weist zum Ortskern, dessen Ende erreicht ist bevor man überhaupt den Anfang gefunden hat. Als Tourist weiß man nicht ganz genau, ob man das Weißhorn erklimmen oder einfach nur die verloren geglaubte Ruhe genießen soll …

Radein ist eine Streusiedlung. Die Gehöfte und Häuser sind so verstreut, dass man sich schwer 300 Radeiner in dieser Gegend vorstellen kann. Das Herzstück dieser Mittelgebirgsregion ist Oberradein, dort endet die Straße und man weiß wirklich nicht ganz genau, ob man angekommen ist. Es muss wohl so sein, die Kirche ist hier und auch eine Schule. Sogar ein Linienbus

fährt hier herauf; wie er wendet ist mir nicht ganz klar, vielleicht fährt er rückwärts wieder hinunter in die große Welt. Obwohl die imposante Bletterbachschlucht, ein Teil des Weltnaturerbes Dolomiten, gar nicht sehr weit entfernt von der Häusergruppe liegt, gibt es hier keinen Massentourismus. Die wenigen Reisenden, die es bis hierher schaffen, wandern entweder in die Schlucht, eine Sehenswürdigkeit wie sie nur die Natur schaffen kann, oder aber verbringen ihre Zeit hier oben in Oberradein. Herrliche Landgasthöfe, ganz in alter Tradition, verführen auch den Reisenden zum Bleiben, der eigentlich gleich wieder Kehrt machen wollte, weil er aus Versehen in dieser Idylle unter dem

TIPP

Eine Insel in Venedig

Ein privater Tagesausflug zu einer Insel in der Nähe von Venedig. Ein Muschelfischer setzt Sie von der Lagune aus über, damit Sie in der Pfahlbau-Hütte auf dem einsamen Eiland bei Prosecco, Oliven, Schinken und Käse diese besondere Atmosphäre genießen können. Nach diesem idyllischen Intermezzo geht es weiter zum Bummeln durch die Lagunenstadt.

Villa Berghofer
I-39040 Radein 54
Tel +39 0471 887150
info@berghofer.it
www.berghofer.it

Weißhorn gelandet ist. Die Dolomiten sind nahe, „gleich" hinter dem Dorf gelegen, und wer einmal einen Sonnenaufgang in den Bergen erleben möchte, der sollte auf den relativ „einfachen" Gipfel des Weißhorns steigen. Der auf 1550 Metern gelegene, winzige Weiler bietet zudem viele Kilometer an bestens markierten und gepflegten Wanderwegen, ein geologisches Museum zum Thema Bletterbach und im Winter sanfte Hänge zum Schneeschuhwandern. Auch die eine oder andere Skitour geht sich aus und das Winterwandern entführt den Reisenden in eine wahre Märchenlandschaft. Die großen Skigebiete der Dolomiten sind nicht allzu weit entfernt, sollte jemand die Sehnsucht nach den großen Massen quälen. Aber Vorsicht, wer sich erst einmal zurechtgefunden hat in dieser kleinen Welt, der will nicht mehr von ihr lassen, wobei das Zurechtfinden gar nicht so lange dauert! Interessanterweise hat schon der Physiker Max Planck diesen Ort zu schätzen gewusst, der sich seit seiner Zeit wohl nicht sehr verändert hat. Inzwischen bieten auch drei Gehöfte Zimmer und Verpflegung an, dazu kommen fünf weitere Betriebe. Zwei Hotels haben den „Zug verpasst" und sind, obwohl neu instand gesetzt, nostalgisch und idyllisch geblieben, so wie früher die Hotels eben waren. Das Klima ist angenehm, der Sommer bringt

heiße Tage und angenehm kühle Abende und Nächte. Insgesamt kann der Weiler mit 250 Sonnentagen aufwarten. Der Ausblick hinüber auf die westlich gelegenen Berge ist einmalig, die Landschaft ist sanft und lieblich, Mischwälder wechseln sich mit den höher gelegenen Lärchenwiesen ab und die Radeiner, die hauptsächlich in der Berglandwirtschaft tätig sind, zeigen dem Reisenden fein gekämmte Wiesen.

Anfahrt
Über die Brennerautobahn bis zur Ausfahrt Neumarkt – Auer. Der Beschilderung ins Fleimstal folgen und weiter bis nach Kaltenbrunn. Gleich nach der Ortschaft zweigt die Straße nach Oberradein ab.

Informationen
Tourismusverein Aldein-Radein
Dorf 34
I-39040 Aldein
Tel. +39 0471 886800
info@aldein-radein.it
www.aldein-radein.com

BOZEN UND UMGEBUNG

16 AFING

Kaffee hat man immer schon getrunken in Afing. Der „Espresso" allerdings ist hier noch nicht besonders alt, doch mundet er besser als in manchen Orten seiner Heimat …

Obwohl ich viel Zeit am Tschögglberg verbrachte, war für mich damals der Weiler Afing ein außerirdischer, weit entfernter Ort. Am südlichen Ausläufer des Tschögglberges auf 871 Metern gelegen, war der Ort bis in die 1980er Jahre nur zu Fuß

von Jenesien oder über eine sehr schmale und steile Straße von Rafenstein aus zu erreichen. Ich erinnere mich noch zu gut an die sonntägliche Expedition der Schwester meines Freundes, die vor dem Bau der Straße Volkschullehrerin in Afing war. Obwohl der Weiler, dessen 546 Seelen weit verstreut über die Hänge ihr Dasein zum Großteil als Bergbauern und Handwerker fristen, nur zehn Kilometer von Jenesien entfernt ist, liegt er auch heute noch am Ende der Welt. Am Ende der Tschögglberger Welt auf

jeden Fall, denn nach Afing kommt man nicht zufällig, sondern man muss schon dorthin wollen. Inzwischen verbindet auch ein Linienbus den kleinen Weiler der Gemeinde Jenesien mit derselben und der gerade darunter liegenden „Hauptstadt" Bozen. Als Gast, der in Jenesien sein Domizil aufgeschlagen hat, muss man nicht unbedingt dorthin, denn im Weiler gibt es eine Gemischtwarenhandlung mit breitem Angebot, drei Gastbetriebe und zum Übernachten einen Gasthof, eine Pension und ein kleines Garni, wie wir Südtiroler eine Einrichtung zwischen Pension und Privatzimmervermieter nennen. Dazu gibt es Platz auf zwei Bauernhöfen, die dem Reisenden Quartier bieten. Die Kinderschar ist in Afing immer noch groß genug, um eine Volkschule samt dazugehörigem Lehrpersonal, das heute bequem nach Afing anreist, zu betreiben. Auch einen Kindergarten gibt es in der Ortschaft, sowie eine „bemannte" Pfarrei, was in letzter Zeit in vielen kleineren Gemeinden Südtirols eher eine Ausnahme geworden ist. Im Sommer kann es schon einmal heiß werden in Afing, die Nächte bleiben aber angenehm kühl, und der Winter kann kalte Tage bringen, aber insgesamt herrscht ein mildes Klima in dieser Gegend, abgesehen von den paar Tagen, an denen der Nordwind durch das Sarntal fegt. Obwohl der Nabel zur Welt, die Stadt Bozen mit all ihren nötigen und unnötigen Einrichtungen, sowie der dazugehörige Flugplatz nur 15 Kilometer entfernt liegt, hat sich die Ruhe nicht aus Afing verscheuchen lassen. Der Mittelgebirgsrücken des Tschöggelberges ist ein wahres Wanderparadies, in dem auch der Bergradfahrer von einfachen bis hin zu anspruchsvolleren Strecken so ziemlich alles findet. Auch im Winter ist und bleibt das Wandern die Haupttätigkeit am Tschögglberg. Manche Jahre bringen genug Schnee um die Schneereifen unterzuschnallen und dann wird in Jenesien auch eine Loipe gespurt. Wer keine verwegenen Abfahrten, sondern nur Stille und eine unbegrenzte Weitsicht sucht, der sollte mit den Tourenskiern über die Jöcher des sanften Höhenrückens wandern. Dem Reisenden, dem all dies schon zu viel an Aufwand und Hektik ist, bleibt immer noch die Möglichkeit im Dorf die Ruhe zu genießen, suchen braucht er sie nicht, denn sie ist immer anwesend, oder einen Kaffee zu trinken und sich mit den freundlichen Bewohnern des Weilers zu unterhalten.

Anfahrt
Von Bozen Richtung Sarntal. Auf die kurvenreiche Straße nach Jenesien abzweigen. Straßenschilder weisen ein Stück unterhalb der Ortschaft Jenesien den Weiterweg nach Afing, das am orographisch rechten Hang des Sarntales liegt.

Informationen
Tourismusverein Jenesien
Schrann 7
I-39050 Jenesien
Tel. +39 0471 354196
info@jenesien.net
www.jenesien.net

17 DURNHOLZ

Wenn der See seine Oberfläche glatt streicht und die letzten Sonnenstrahlen verschluckt, wenn der Wind kühl von den Gipfeln fällt und uns zum Frösteln bringt, dann scheint uns die Lösung zum Greifen nah …

Durnholz ist eine wahre Oase inmitten einer kargen Berglandschaft, eine Idylle die ihresgleichen sucht. Durnholz weiß das und ist sehr darum bemüht diesen Zustand zu erhalten. So hat man schon vor Jahren die motorgetriebenen Fahrzeuge der Durnholz-Besucher vom Dorf und vom Seeufer auf einen nahe-

gelegenen Parkplatz verbannt. Der See gehört zum Durnholzer Bild ebenso wie der markante Turm der Dorfkirche, der alte Pfarrgasthof oder die Kreuze aus Schmiedeeisen am Dorffriedhof. Der 900 m lange und 350 m breite Durnholzer See liegt auf 1540 Metern Meereshöhe, der Dorfkern selbst ein ganz klein wenig höher. 12 ha misst die Seeoberfläche, das Wasser ist eisig kalt und lädt eher zu einem Seerundgang als zum Schwimmen ein. Das große Angebot an Fischen findet der Reisende auf einigen Speisekarten der drei Dorfgasthäuser wieder. Die urigste

Anfahrt
Von Bozen ins Sarntal bis nach Astfeld, dort rechts ins Durnholzer Tal abzweigen, an dessen Ende Durnholz liegt. Von Sterzing über das Penser Joch nach Astfeld und weiter nach Durnholz.

Informationen
Tourismusverein Sarntal
Europastraße 15
I-39058 Sarnthein
Tel. +39 0471 623091
info@sarntal.com
www.sarntal.com

Einkehrmöglichkeit ist nach wie vor der Pfarrgasthof, Nachtquartier findet man in zwei der drei Gasthöfe, dazu kommen sieben Bergbauerngehöfte, die Unterkunft und Verpflegung anbieten. Ungefähr 300 Sarner Bürger leben in Durnholz, weit verstreut um den kleinen Dorfkern und zumeist am steilen Hang. Bergbauern sind die Durnholzer und ein paar „gute Seelen" betreuen den Reisenden. Eine Grundschule gibt es im Weiler, der eine der 27 Fraktionen der Gemeinde Sarntal ist. Die Tradition wird in Durnholz gelebt, es gibt eine Werktags- und eine Sonntagstracht, die noch stolz getragen wird. Der Reisende wird gut verpflegt in seiner Unterkunft oder im Pfarrgasthof, zum Einkaufen muss er allerdings nach Astfeld fahren, das auch mit dem regelmäßig verkehrenden Linienbus erreichbar ist. Über große Hitze muss der Gast im Sommer nicht klagen in dieser mittelalpinen Berggegend, in der man im Hochwinter die Schneeschuhe oder Tourenskier direkt vor der Haustüre anschnallen kann. Durnholz ist ein Paradies für den Skitourengeher, es gibt genügend Gipfel in der nahen Umgebung um eine ganze Woche damit zu füllen.

Im Sommer kommt das Wandern oder Spazierengehen in Frage; um den See herum spaziert man, auf die Flaggerschartenhütte hinauf wandert man und dann gibt es auch im Sommer jede Menge Gipfel zu besteigen. An den Wochenenden versammeln sich gar viele Menschen aus der Landeshauptstadt und aus anderen Teilen der Welt in Durnholz. Trotzdem sind auch die Wochenenden nicht unangenehm in dieser Umgebung, die jeglichen Lärm aufsaugt und die Hochgeschwindigkeit des Alltages auf Schneckengeschwindigkeit herunterbremst. Unter der Woche wird es ruhig in der Gegend; man kann sich in ein Ruderboot setzen und sich in den Schlaf schaukeln lassen. Später, wenn man dann wieder erwacht, ist sie immer noch da, diese Märchenwelt am Ende des Durnholzer Tales.

TIPP

Pfarrgasthof Durnholz

Der Pfarrgasthof Durnholz ist auch im traditionsreichen Südtirol ein „Relikt" aus längst vergangenen Zeiten. Auch heute trifft man sich noch nach der Messe in der 300 Jahre alten Stube des Gasthofs, der zur Kirche gehört und seit 40 Jahren von der Familie Innerebner geführt wird. Die einfachen, unverfälschten Südtiroler Mahlzeiten, in großzügigen Portionen aufgetischt, sind ebenfalls ein Erlebnis für sich.

I-39058 Durnholz
Tel. +39 0471 625142

18 WANGEN

Wie sollten wir auch den Hunger kennen, wir, die im Schlaraffenland leben?

Am Höhenzug des Ritten, der sich im Herzen Südtirols befindet, herrscht ein mildes und sonniges Klima. Nicht umsonst sind die Bozner früher zur Sommerfrische auf den Ritten und einige tun es vielleicht immer noch. Wangen gehört zu den 17 Weilern und Dörfern dieser Hochfläche oberhalb von Bozen, die sich zu zur Gemeinde Ritten, einer der größten Gemeinden Südtirols, zusammenschließen. Der wirtschaftliche Aufschwung der 60er

Jahre und die immer mehr werdenden Touristen waren der Anlass für eine rege Bautätigkeit, die das Siedlungsbild sehr stark verändert hat. Die ursprüngliche Bausubstanz wurde zum Teil völlig modernisiert, sodass heute nur mehr vereinzelte alte Höfe übrig geblieben sind. Trotzdem hat der Ritten einen guten Mittelweg im Chaos der touristischen Weiterentwicklung gefunden und hat auch mehrere Fleckchen der Ruhe bewahren können. Dazu gehört unumstritten der Weiler Wangen, ganz draußen an der westlichen Kante auf 1000 Metern Meereshöhe und zum

Sarntal hin gelegen. Beachtliche 381 Einwohner zählt der ruhige Ort, der nur einen Gastbetrieb sein Eigen nennt, mitten im Ortskern, wie es sich eben gehört, und mit Zimmern für den müden Reisenden. Dazu gibt es in der Nähe noch eine Buschenschänke und einen Bauern der mit der Idee vom „Urlaub am Bauernhof" spielt, aber noch nicht ganz davon überzeugt ist. Während ich an der Friedhofsmauer lehne und auf den Flugplatz von Bozen schaue, auf dem emsig ein einziger Flieger landet, gießt die Häuserin die Blumen und grüßt mich freundlich in der deutschen Hochsprache. Es dauert ein Weilchen, bis ich ihr klarmachen kann, dass ich zwar ein „Fremmer" im Ort bin, aber immerhin aus Meran komme, was ja noch zu Südtirol gehört. Den Esel hätte sie noch zu füttern und das Pferd, der Pfarrer sei aus Deutschland und versorge mehrere Gemeinden, weil diesbezüglich eben auch ein „Engpass" herrsche, ja und die Touristen, vor allem die Italiener seien gerne hier, wegen der Ruhe an der es im Ort wirklich nicht fehlt. Aber am Abend seien sie laut, die Deutschen wären da besser, aber was ist laut für einen Italiener, der aus Rom oder Neapel kommt? Nein, die Ruhe wäre ihr zu viel hier, sie fahre lieber in die Stadt nach getaner Arbeit, wo was los wäre und wo man sich auch ein wenig vergnügen könne. Mit

TIPP

Ansitz Kematen

800 Jahre alter, einstiger Ansitz von Patriziern, auf 1322 m gelegen. Hotel mit 28 Betten, sowie einem Restaurant in der gotischen Stube, wo eine gelungene Kombination von einheimischen, mediterranen und internationalen Gerichten kredenzt wird

I-39054 Klobenstein/Ritten
Tel + 39 0471 356356
Fax +39 0471 356363
Restaurant +39 0471 356148
info@kematen.it
www.kematen.it

Vergnügen ist nicht viel los in Wangen, abgesehen von einem Dorffest, dann und wann einmal. Und Vollblutaraber werden hier gezüchtet am Gaughof. Steile, schmale Wege, endlose Wiesen und Wälder, reichlich Sonne und im Winter auch einmal eine ordentliche Kälte, das scheint dem an Strapazen gewöhnten Wüstenpferd zu gefallen. Und dem Reisenden, der sich nach Wangen verirrt hat! Trotz Ruhe gibt es jede Menge zu tun; Wandern ist ein Rittner Volkssport, aber das Hochplateau hat auch allerhand zu zeigen. Die Erdpyramiden, einen wunderschönen Badesee, eine Schutzhütte direkt am Gipfel des Rittner Horns und den ganzen Sommer über werden die verschiedensten Veranstaltungen angeboten. Der Linienbus verbindet den Ort, in dem die Häuserin zwar gerne arbeitet, aber nicht unbedingt leben möchte (wegen der permanenten Ruhe), mit dem Rest der Welt. Und im Winter halten sich zwei kleine Skigebiete parat; eines im Sarntal und eines am Ritten selbst. Sollte es dem Reisenden trotzdem zu ruhig werden, so kann er sich gewiss der Häuserin anschließen und von Oberbozen mit der Seilbahn mitten hinein ins Geschehen von Bozen schweben!

Anfahrt
Am einfachsten erfolgt die Anfahrt nach Wangen von der Autobahnausfahrt Bozen Nord, kurz Richtung Stadt und dann zum Ritten abzweigen. Hinauf in die Ortschaft Klobenstein, wo die Straße nach Wangen abzweigt. Anfahrt auch durch das Sarntal möglich (ca. 12 km bis zur Abzweigung nach Wangen).

Informationen
Tourismusverein Ritten
Dorfstraße 5
I-39054 Klobenstein
Tel. +39 0471 356100
info@ritten.com
www.ritten.com

19 KOHLERN

Die Stadt brüllt hinauf und rüttelt wild am Berg, der sich gefasst ruhig verhält und für das wilde Treiben nur ein feines Lächeln übrig hat …

In Südtirol sind acht Kilometer Bergstraße manchmal so lange, dass der geplagte Autofahrer sich am Ende in einer komplett anderen Welt wiederfindet! Ist man einmal im kleinen Weiler Kohlern angekommen, einem architektonischen Kleinod mit Jugendstilvillen, das auf 1100 Metern hoch über Bozen liegt, so befindet man sich ohne Zweifel in einer anderen Welt. Die

Hektik der Stadt, der nie zur Ruhe kommende Verkehr sind urplötzlich verschwunden, hier in Kohlern scheint die Zeit wirklich stehen geblieben zu sein. In der kleinen Bar Edelweiß bei der Bergstation der Seilbahn wird der „beste Kaffee der Welt" sogar noch händisch durch den Filter gepresst. Dem in die Jahre gekommenen, freundlichen Wirt ist gar nicht so recht bewusst, so glaube ich wenigstens, aus welcher Zeit seine „Bar" Edelweiß eigentlich kommt! Ein Lob auf den Kaffee wird mit einem „viele nehmen halt ein schlechtes Pulver …" abgetan. Die Seilbahn,

Anfahrt
Über die Brennerautobahn bis zur Ausfahrt Bozen Nord, dann entlang der Staatsstraße Richtung Bozen. Beim Kreisverkehr immer weiter in dieselbe Richtung, weder nach Ritten noch ins Eggental abzweigen. Beim darauf folgenden Kreisverkehr im Stadtteil Kampill links ausfahren (Straßenschild Kampenn). Direkt an der Talstation der Seilbahn nach Kohlern beginnt die Auffahrt über die schmale Straße. Alternativ, einfacher und schneller ist die Auffahrt mit der Seilbahn.

Informationen
Verkehrsamt der Stadt Bozen
Waltherplatz 8
I-39100 Bozen
Tel. +39 0471 307000
info@bolzano-bozen.it
www.bolzano-bozen.it

die den Reisenden mühelos und bis in den Abend hinein von Bozen nach Kohlern bringt, ist anscheinend die älteste für den Personentransport zugelassene Schwebebahn überhaupt. Auto braucht der Reisende wirklich keines in Kohlern, es sei denn er will das Nachtleben in Bozen erkunden. Wer sich aber erst einmal hier oben einquartiert hat, der möchte, so glaube ich, die Mystik und Ruhe der Abende im winzigen Weiler nicht mehr missen ... Direkt in Kohlern gibt es eigentlich nur zwei Gastbetriebe mit Übernachtungsmöglichkeit, während zwei weitere in der näheren Umgebung liegen. Ein der Märchenwelt entsprungenes Haus, das sich bescheiden „Gasthof" nennt, liegt in atemberaubender Lage am Hang über Bozen und bietet Nostalgie, Mystik und eine Betreuung, die ich vielen „Gasthöfen" im restlichen Land zur Nachahmung empfehlen kann. 90 Einwohner zählt Kohlern, so erklärt man mir jedenfalls, und das bezieht den Weiler Kampenn, auf Halbweg gelegen, mit ein. Wahrscheinlich sind sie gerade eben nicht anwesend, all die Bewohner von Kohlern, oder sie wohnen auf den recht verstreuten Höfen der kleinen Hochfläche, die auch unter den einheimischen Wanderern ein äußerst beliebtes Ziel ist. Einst ein Sommerfrischort für wohlha-

bende Bozner, die sich hier oben die erhalten gebliebenen, fast schon unwirklich erscheinenden Villen errichtet haben, ist Kohlern von einem weiteren „Aufschwung" verschont geblieben. Ein Naturschutzgebiet mit Baustopp sozusagen, was im Land nicht allzu viel heißen will, aber hier scheinen die Uhren anders zu gehen … Besonders idyllisch ist Kohlern im Winter. Obwohl die weiße Pracht zumeist fehlt, weil das Klima auch in den kalten Monaten noch angenehm ist, steht der Weiler im Winter erst recht im Gegensatz zur grauen Stadt Bozen. Der Kontrast zwischen dem turbulenten Stadtleben und der Ruhe und Einsamkeit am Berg ist besonders spürbar. Wer in Kohlern als Reisender seine Zeit verbringt, den verleitet diese besondere Gegend zur „Faulheit". Wer sich aber doch noch aufraffen kann, den umgibt ein endloses Netz an Wegen, auf denen der Wanderer und Bergradfahrer sein Auskommen findet. Ansonsten, so muss ich zugeben, gibt es nicht viel zu tun in Kohlern, aber Sie werden sehen, dieses „Problem" löst sich von selbst in dieser Welt, die es eigentlich nicht mehr geben sollte!

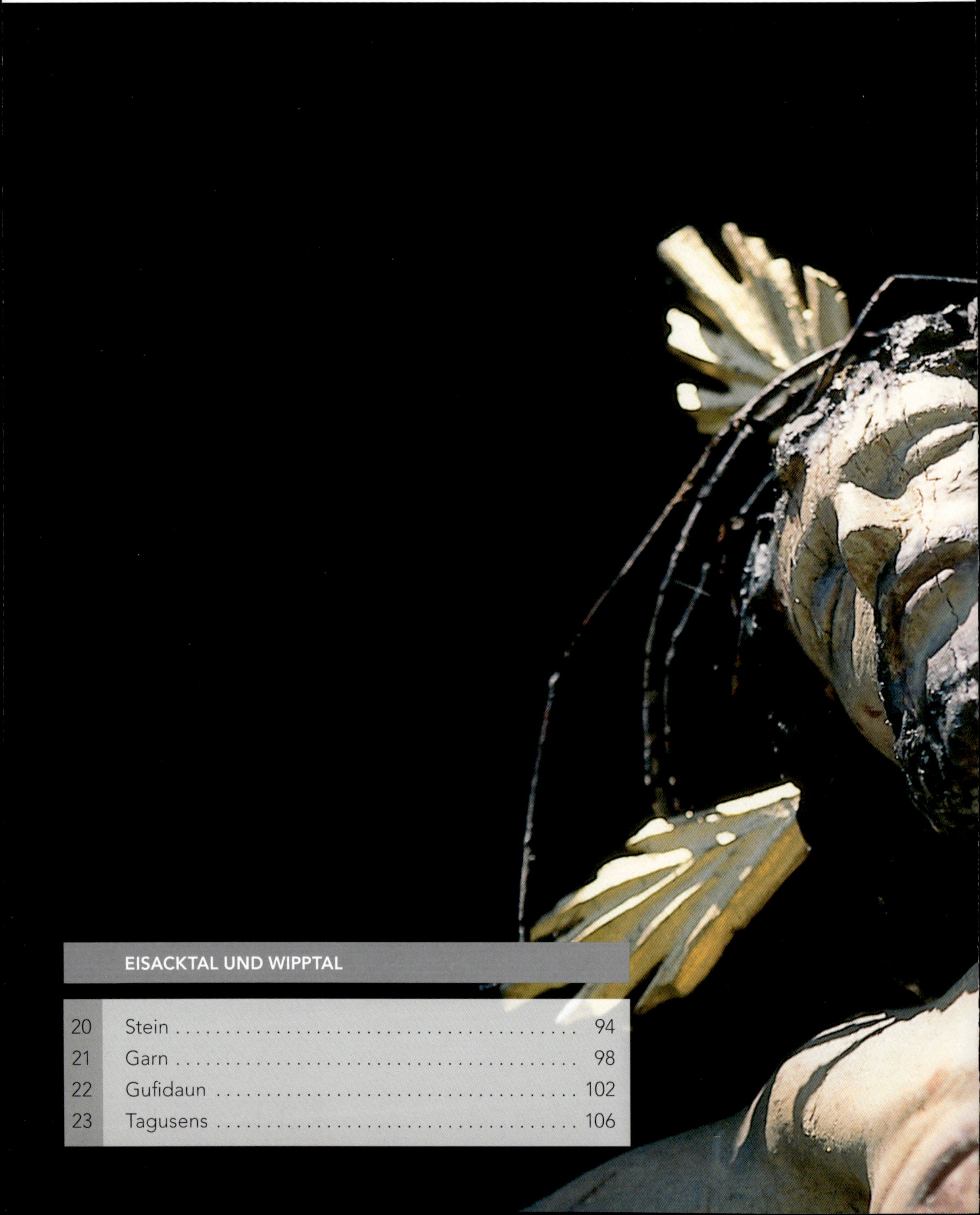

EISACKTAL UND WIPPTAL

20 STEIN

Zeit ist ein Geschenk der Götter, ein zeitlich begrenztes Geschenk, und wie oft finden wir keine Zeit diese wundervolle Einrichtung zu nutzen … Dabei vergessen wir immer wieder, dass uns die Zeit jederzeit und für immer abhanden kommen kann.

An sich ist das Pfitschtal schon ein Tal, das vom „großen" Südtiroler Tourismus verschont geblieben ist. Kein Skigebiet, keine weltfremde Tourismusinfrastruktur, ein freundliches Tal in dem gegen das Talende hin die Berge wilder und höher werden, bis sie sich schließlich in einen eisigen Mantel hüllen. Das Pfitscher

Joch ist ein Übergang der ins Zillertal führt, doch die Schotterstraße, die schon gegen das Joch hin gesperrt ist, hört oben am höchsten Punkt ganz einfach auf. Wie kann das sein, wo doch der endlose Vergnügungspark Zillertal grad vor der Haustüre liegt! Hier haben wohl die Landesregierungen beider Länder kläglich beim Zusammenschließen versagt! An der Auffahrt zum Pfitscher Joch liegt der Weiler Stein. Er hat gerade ein halbwegs ebenes Plätzchen gefunden neben der Straße, wobei das Parken mehrerer Fahrzeuge schon einmal zum Problem werden kann. Die wenigen Vehikel, die gegen das Joch hin kriechen, sind

Anfahrt
Von Sterzing der Beschilderung ins Pfitschtal folgen. Bis ans Talende und kurz weiter Richtung Pfitsch bis zur Abzweigung nach Stein. Der Ort ist so klein, dass es kaum Möglichkeit zum Parken gibt.

Informationen
Tourismusverein Sterzing – Freienfeld –Wiesen-Pfitsch
Stadtplatz 3
I-39049 Sterzing
Tel. +39 0472 765325
info@infosterzing.com
www.sterzing.com

hauptsächlich mit Bergsteigern oder Wanderern beladen. Weiter oben ist das Parken auch nicht einfacher … In Stein wohnen 18 Menschen; so wurde mir jedenfalls Auskunft erteilt auf der Gemeinde Pfitsch und die muss es wohl wissen, denn schließlich gehören die 18 Seelen zu derselben. In der Berglandwirtschaft sind sie beschäftigt, aber ein paar von ihnen sind wohl auch im Tourismus tätig, denn es gibt einen Gastbetrieb in Stein, und man höre und staune, derselbe vermietet auch Fremdenzimmer! Dazu noch eine Berglandwirtschaft, die Urlauber beherbergt und verköstigt. Eine kleine Kapelle gibt es auch, ohne Pfarrer allerdings, die Schule liegt weiter draußen im Tal, ebenso wie der Gemischtwarenladen. Aber ein Linienbus fährt nach Stein oder wenigstens bis in die Nähe des Weilers. Ich bin mir nicht ganz sicher wo er wendet … Auf 1550 Metern Meereshöhe gerade unterhalb der vergletscherten Nordwände des Hochferners herrscht ein wahrlich alpines Klima, das auch im Sommer das Schlafen zu einer frischen Angelegenheit macht. Am Morgen braucht der Wanderer nicht mehr zum Zündschlüssel zu greifen,

er kann seinen Tag direkt vor der Haustüre beginnen und auch von dort ins Hochgebirge steigen. Hinauf zum Pfitscher-Joch-Haus oder zur Hochfeiler Hütte, wo er nächtigen wird, bevor er sich an den Gipfel des Hochfeilers wagt. Auch der Bergradfahrer findet sein Auskommen in Stein. Wenn er sich die Schotterstraße zum Joch hochschindet, muss er nicht über den Verkehr klagen und er könnte sogar hinunter ins Zillertal und über Innsbruck zurück nach Pfitsch. Aber wer möchte schon weg vom kleinen Ort der vollkommenen Ruhe und der gemütlichen Unterbringung. Zudem ist der Talgrund flach und das Treten dort weniger anstrengend. Aber vielleicht möchte man auch nur vor der Haustüre sitzen, die raue Bergluft atmen und den Blick vom Grün der Bergwiesen auf das ewige Eis gleiten lassen, um dem Auge und dem Geist Erholung von Glas, Beton und ewigem Lärm zu gewähren. Und im Winter verwandelt sich die Landschaft um Stein in eine längst vergessene Welt, in eine Märchenlandschaft, in der Schneeschuhwanderer und Tourengeher zu Hause sind.

21 GARN

Die von oben wünschen sich nach unten und die von unten wünschen sich nach oben. Ich wünsche mir, den Südtirolern ihre Welt zeigen zu können …

Hoch oben am Sonnenhang des Eisacktales wo die Bergwiesen langsam in die Wälder übergehen, die bis weit hinauf die Hänge des Königanger bedecken, liegt auf ungefähr 1.200 Metern der kleine Weiler Garn. Etwas abseits der „Hauptstraße" die

nach Latzfons führt angesiedelt, fristen die 289 Einwohner der Streusiedlung ein ruhiges Dasein. Weit unten im Tal drängeln Autobahn und Eisenbahn um den Platz, den es im verkehrsgeplagten Eisacktal nicht gibt, und die paar verbliebenen Nonnen im Kloster Säben nehmen zwar einen Logenplatz im Tal ein, büßen aber für ihre Nähe zum Himmel mit dem immerwährenden Verkehrslärm. In Garn hingegen herrscht Ruhe … Weit hinauf

Anfahrt
Über die Brennerautobahn bis zur Ausfahrt Klausen, kurz Richtung Klausen, dann der Straßenbeschilderung nach rechts Richtung Feldthurns folgen. Durch das Dorf hindurch und weiter Richtung Latzfons. Nach ca. 3 km zweigt die Straße nach Garn ab.

Informationen
Tourismusverein Klausen, Barbian, Feldthurns und Villanders
Tel. +39 0472 847424
info@klausen.it
www.klausen.it

muss der Reisende, vorbei an bekannten Orten wie Feldthurns, um schließlich mit einer fast unbegrenzten Fernsicht belohnt zu werden. Zum Greifen nahe scheinen die Zacken der Geislerspitzen am Ende des Villnößtales, während sich im Norden glitzernd die Firnfelder der Eisriesen am Alpenhauptkamm zeigen. Garn ist ein ruhiges, kleines Bergdörfchen, in dem die meisten der Garner der Berglandwirtschaft nachgehen, während einige im Handwerk tätig sind und „sonstiges" tun; so erklärt man mir bedächtig den Weiler …
Die Bergwälder, die in weite Hochflächen übergehen, sind wie geschaffen für den Wanderer. Gipfel wie der Königanger überragen diese Landschaft und sind einfach zu besteigende, allesüberragende Aussichtspunkte. Auch der Bergradfahrer kommt hier auf seine Kosten, denn entlang der Hänge des Eisacktales gibt es unzählige kleine Straßen, auf denen so gut wie kein Verkehr herrscht, während die Naturwege weit hinauf zu den Almen führen. Einkehrmöglichkeiten gibt es immer wieder einmal, um sich selbst zu verpflegen muss der Reisende allerdings „abfah-

ren", nicht allzu weit, aber mindestens bis in eines der nahegelegenen Dörfer. Im Sommer steigt die Hitze vom Tal weit hinauf bis in den Weiler, nur die Nächte bringen Abkühlung, während im Winter die Hänge schneebedeckt sind. Der Winter- und Schneeschuhwanderer ist in der Umgebung von Garn ebenso zu Hause wie der Skitourengeher, während bei der Brugger Schupfe, unterhalb der Königangerspitze gelegen, eine Naturrodelbahn ihren Anfang hat. Eine gemütliche Einkehr bietet dem Reisenden Speis und Trank, zudem drei Doppelzimmer für eine längere Erholung. Recht hektisch wird es im Haus wohl nie zugehen, es gibt auch keine Saunalandschaft, dafür aber einen Garten und eine Sonnenterrasse, auf der man die endlos langen Sonnenuntergänge genießen kann …

22 GUFIDAUN

Man möchte uns immer Stahl und Beton verkaufen; warum aber fühlen wir uns wohl in einer Umgebung aus Holz und Stein?

Ein Kleinod diesen Ausmaßes gibt es nicht gerade oft in Südtirol! Obwohl die Ortschaft Gufidaun gerade oberhalb der Brennerautobahn am östlichen Talhang des verkehrsgeplagten Eisacktales liegt, ist hier weder der Verkehrslärm zu hören, noch sind die Produzenten des Spektakels zu sehen. Gufidaun ver-

steckt sich knapp 200 Meter über dem Talboden in einer kleinen Mulde auf 734 Metern und schlummert dort mit seinen ca. 544 Einwohnern friedlich vor sich hin. Ein mittelalterlicher Dorfkern, dem auch die Renovierungs- und Restaurierungsarbeiten nichts anhaben konnten. Die Gufidauner müssen den Architekten wohl mit dem Pranger gedroht haben! Die Ortschaft, die der Gemeinde Klausen angegliedert ist, konnte alles Erhaltenswerte erhalten und ihr klassisches Bild mit spitzem Kirchturm, den

Anfahrt
Über die Brennerautobahn bis zur Ausfahrt Klausen und direkt am Kreisverkehr der Beschilderung nach Gufidaun folgen.

Informationen
Tourismusverein Klausen, Barbian, Feldthurns und Villanders
Tel. +39 0472 847424
info@klausen.it
www.klausen.it

Burgen um den dichtgedrängten Ortskern und dahinter den steilen Zacken der Geislerspitzen bewahren. Obwohl Gufidaun als Ortschaft bei den Einheimischen nicht besonders bekannt ist, hat dieses mittelalterliche „Relikt" den Anschluss an den sanften Tourismus keineswegs verpasst. Mitten im Ort steht ein malerisches, sehr bekanntes Restaurant, das einst dem Gerichtsschreiber gehörte. Nicht umsonst ist Gufidaun für die traditionelle Eisacktaler Küche mit all ihren vergessenen Spezialitäten, die hier noch am Leben erhalten werden, bekannt. An Gastwirtschaften fehlt es nicht im Ort, kein Wunder, denn alljährlich im Herbst erwachen all die alten Bauernstuben beim Törggelen zu neuem Leben. Auch ein Quartier zu finden für einen längeren Aufenthalt ist hier kein Problem; höchstens die Auswahl könnte schwerfallen! Nicht umsonst hielten sich in Gufidaun seit dem Ende des 19. Jahrhunderts immer wieder Künstler, Schriftsteller, Maler und Bildhauer auf. Der malerische Ortskern, natürlich autofrei, regt geradezu zu künstlerischer Betätigung an und ist gleichzeitig ein perfektes Ambiente zum Nachdenken und Lesen. Langeweile kommt sowieso keine auf in den engen

Gassen. In Gufidaun gibt es ein Dorfmuseum, nicht nur einen, sondern ein paar Herrschaftsansitze, die man im Rahmen eines Dorfspazierganges erwandern kann. Ein gut markiertes Netz an verkehrsfreien Spazier- und Wanderwegen lädt sommers wie winters zu einer Entdeckungsreise durch eine fast unberührte Naturlandschaft ein. Einen Streifzug in die steile Welt der nahen Dolomiten kann man ebenso ins Auge fassen wie eine Erkundungsfahrt mit dem Bergrad. Zum Einkaufen muss man den Ort nicht verlassen, doch einen Ausflug mit dem Linienbus bis ins „nächste" Mittelalter, das Städtchen Klausen, sollte man unbedingt ins Auge fassen! Das Frühjahr und der Herbst zeigen sich mild in Gufidaun, der Sommer eher warm, dafür aber der Winter kalt! Ausflüge mit den Schneeschuhen sind angesagt oder eine Reise in die Welt des „Superski – Dolomiti"! Denjenigen, die es auch im Winter etwas weniger super und ohne Dolomiti haben möchten, empfehle ich in der Ortschaft und der nahen Umgebung zu verweilen oder einen Winterausflug durch das Villnößtal hin zu den Dolomiten zu unternehmen!

23 TAGUSENS

Auch die kleinen Dinge sind erhaltenswert, denn die vergessen wir am schnellsten!

Südtirol ist ein kleines Land und es gibt wenige Plätze die man nicht kennt, vor allem wenn man das Privileg genießt über das Land dahinschweben zu können. Dabei enthüllt sich das Land und zeigt dem Betrachter ungewöhnliche Orte. Tagusens ist so ein Ort. Er versteckt sich hinter den Touristenhochburgen

Kastelruth, Seis und Völs und man muss schon um den Berg herumfahren, um den Weiler zu entdecken, der vom Tale aus so gut wie nicht einsehbar ist. Hoch über der Einfahrt zum Grödental, auf einer vorgelagerten Terrasse des Mittelgebirges liegt die kleine Streusiedlung, die zur Gemeinde Kastelruth gehört und von 103 Menschen bewohnt wird. Die üppigen, immens fleißig bearbeiteten und nicht allzu steilen Wiesen, die den winzigen

Anfahrt
Von Kardaun im Eisacktal oder von St. Ulrich in Gröden aus nach Kastelruth unterhalb der Seiser Alm. Der Straßenbeschilderung nach Tisens und weiter nach Tagusens folgen. Von Waidbruck im Eisacktal (Straßenschild) über eine relativ schmale Straße ebenfalls über Tisens nach Tagusens.

Informationen
Seiser Alm Marketing
Dorfstraße 15
I-39050 Völs am Schlern
Tel. +39 0471 709600
info@seiseralm.it
www.seiseralm.it

Ortskern umgeben, lassen schon darauf schließen, dass die meisten „Tagusner" in der Berglandwirtschaft tätig sind. Vier der Bergbauernfamilien haben sich zudem dazu entschlossen, dem Reisenden ihren Hof als Urlaubsunterkunft anzubieten. Ansonsten gibt es in Tagusens, etwas abseits vom Ortskern, wenn man den Kirchenhügel mit dem Widum und der alten Schule überhaupt so bezeichnen kann, noch ein kleines Gasthaus, in dem sich der Reisende fein verköstigen kann. Die Schulkinder fahren lange schon mit dem Schulbus in die Touristenhochburgen, um sich auf das „richtige" Leben vorzubereiten, aber das kleine, nostalgisch anmutende Schulgebäude musste nicht einer „Südtiroler Infrastruktur" weichen, sondern wurde in ein Schulmuseum umfunktioniert, das dem Besucher den Schüleralltag eines winzigen Bergdorfes in den Jahren von 1933 bis 1993 anschaulich näher bringt. Der Reisende wird sich in diesem reizenden Kleinod sehr schnell wieder in seiner eigenen Schulzeit wiederfinden, die Zeit bleibt in den alten Klassenzimmern nicht nur stehen, sondern dreht sich unaufhaltsam rückwärts! Die Sommertage sind mild im Weiler, der verstreut auf einer Höhenlage zwischen 700 und 900 Metern liegt. Am Abend streicht der Bergwind der nahen Dolomiten über die Wiesen.

Die Gegend um Tagusens wurde für den Wanderer „gemacht" und bietet ein endloses Netz an gut markierten und beschilderten Wanderwegen, die bis hinein ins nahe Grödental oder hinunter zur Trostburg bei Waidbruck reichen. Auch der Bergradfahrer hat in dieser Umgebung sein „Auskommen" und muss sich nicht vor übermäßigem Verkehr fürchten, denn die Zufahrtsstraße nach Tagusens endet urplötzlich im „Ortskern". Wenden verlangt Geschicklichkeit! Sollte man einen Einkauf tätigen müssen ohne wenden zu wollen, so ist der Linienbus in die Tourismushochburgen eine gute Alternative zum eigenen Fahrzeug! Auch im Winter bringt das öffentliche Gefährt den Reisenden von Tagusens mühelos Richtung Seiser Alm zum Lang- oder zum Skilauf. Die Wintertage können schon einmal „Zähne zeigen" im kleinen Weiler, trotzdem hat die Sonne genug Kraft um die Luft für eine gemütliche Winterwanderung zu erwärmen. In der beheizten Stube zu sitzen und wieder einmal nachzudenken bleibt in den stillen Orten nach wie vor ein guter Zeitvertreib!

PUSTERTAL UND DOLOMITEN

24 SPINGES

Wichtiges wird unwichtig, die Zukunft wird zur Gegenwart und dann zur Vergangenheit, der Mensch verfällt zu Staub und wird vergessen, auch Denkmäler können diesem Vorgang nicht Einhalt gebieten …

Von der wilden Tiroler Zeit ist in Spinges nichts übrig geblieben als ein kleines Denkmal am Ortseingang. Bemerkenswert ist dabei wiederum nicht die geschichtliche Tatsache, dass am 2. April 1797 die Bauernmagd Katharina Lanz eine Gruppe Wipptaler

Bauern gegen die napoleonische Armee führte und diese auch schlug. Da nach dieser Schlacht Ruhe im Ort einkehrte, ist das „Mädchen von Spinges" wohl erwähnenswert, viel erwähnenswerter ist jedoch der äußerst friedlich anmutende Ausblick über das Pustertal, die Stadt Brixen und das Eisacktal, den man vom vorgeschobenen Hügel genießt, auf dem das Denkmal steht. Die Sonne erscheint hier viel früher und bleibt viel länger als anderswo. Während unten im Tal der endlose Betonwurm der

Autobahn immerwährende Unruhe produziert, scheint die Welt von Spinges aus betrachtet wie eine Spielzeugwelt ohne Stimme. Wie gesagt, nach besagter Schlacht und besagtem Mädchen ist es ruhig geworden im Ort, der zur Gemeinde Mühlbach gehört, und es ist bis heute ruhig geblieben in diesem auf 1105 Metern gelegenen Weiler, in dem 288 Seelen wohnen, die hauptsächlich in der Landwirtschaft tätig sind. Man möchte es nicht glauben, aber nachdem man über die kurvenreiche Straße den Berghang entlang nach oben gefahren ist, zeigt sich dem Reisenden eine nahezu flache Welt. Erwähnenswert, denn „flach" ist in Südtirol kein alltägliches Wort! Inmitten einer unberührten Naturlandschaft liegt Spinges; verträumt muss man wohl sagen, obwohl dies kitschig klingen mag! Die Spingeser Kinder haben das Privileg, im Dorf in die Schule zu gehen und so noch ein paar Jahre die „richtige" Welt zu meiden. Ein kleines Lebensmittelgeschäft führt auch eine ansehnliche Zahl an Souvenirs, auf alle Fälle genug für die wenigen Reisenden, die sich nach Spinges verirren. Wer sich aber einmal entschlossen hat hier herauf zu kommen, der wird diesem endlosen Wanderparadies treu bleiben. Auch dann wenn er weder Sommer- noch Winterwanderer ist, auch nichts mit den Schneeschuhen am Hut hat, zudem auch noch

der Rodel, wie wir Tiroler den Schlitten nennen, und den Tourenskiern entsagt und vom Bergrad sowieso nichts wissen will. Alleine schon die Tatsache, dass sich die wild wütende Brennerautobahn und die Pustertaler Staatstraße in eine stimmlose Spielzeuglandschaft verwandelt haben und hier oben das Gesetz der Langsamkeit vorherrscht, machen Spinges zu einem begehrenswerten Ort für den Reisenden, der mit einem Hotel, einem Gasthof und vier Mal Urlaub am Bauernhof sowie einem guten Buch oder einem Notizblock mit Bleistift auskommt!

Anfahrt
Über die Brennerautobahn bis zur Ausfahrt Pustertal und kurz weiter auf der Pustertaler Staatsstraße bis zur beschilderten Abzweigung nach Spinges. Über die kurvenreiche Straße durch den Wald aufwärts bis in die Ortschaft.

Informationen
Tourismusverein
Gitschberg Jochtal
Katharina-Lanz-Str. 90
I-39037 Mühlbach
Tel. +39 0472 886048
info@gitschberg-jochtal.com
www.gitschberg-jochtal.com

25 MÜHLBACH

Das Gute an Veränderungen ist, ob gut oder schlecht, dass die nächste Generation den vorherigen Zustand nie kannte …

Mühlbach! Als „richtiger" Südtiroler weiß ich natürlich wo Mühlbach liegt! Trotzdem; ein „stiller Ort"? Auch wenn es eine Umfahrung gibt, ist die Gemeinde am Eingang des Pustertales ja ganz nett, aber von mystisch kann man sicherlich nicht sprechen … Endlich habe ich mich durchgefragt nach dem „rich-

tigen" Mühlbach und quäle mich langsam über die schmale Straße nach oben. „Kaum nennenswert" ist der korrekte Ausdruck für das Verkehrsaufkommen. Richtig großzügig ist das Parkplatzangebot ebenfalls nicht im Weiler Mühlbach, der hoch am Berg, genaugenommen 1462 Meter über dem am nächsten gelegenen Meer oberhalb von Uttenheim am Eingang zum Ahrntal liegt. Schon 1337 wurde das Dorf erstmals erwähnt und 1786 erhielt Mühlbach einen eigenen Kaplan. Den Kaplan gibt

Anfahrt
Durch das Pustertal bis kurz vor die Stadt Bruneck; dort ins Ahrntal abbiegen und weiter bis in die Ortschaft Uttenheim, wo direkt bei der Brücke über die Ahr von der Staatsstraße die schmale Asphaltstraße nach Mühlbach abzweigt.

Informationen
Tourismusverein Gais/Uttenheim
Ulrich von Taufers 5
I-39030 Gais
Tel. +39 0474 504220
info@gais-uttenheim.com
www.gais-uttenheim.com

es schon lange nicht mehr, obwohl eine schöne Kirche eines der wenigen ebenen Plätzchen für sich beansprucht. Ganze 110 Einwohner zählt der über einen weiten, steilen Berghang verstreute Weiler, 12 davon sind Volkschüler, die das Privileg genießen (ob die Schüler das auch so sehen?), in die dorfeigene Schule gehen zu dürfen. Mühlbach ist der Gemeinde Gais angegliedert, zum Erledigen der Geschäfte muss man, ebenso wie zum Einkaufen, hinunter ins Tal. Allerdings nicht mehr zu Fuß, weil Mühlbach in den sechziger Jahren eine Zufahrt über Percha erhalten hat. Heute geht es noch schneller über die neuere Straße von Uttenheim. Linienbus traut sich hier allerdings keiner herauf. Der Ruhesuchende muss schon selbst anreisen und wird zu seinem Erstaunen auch noch zwei schöne Gasthöfe vorfinden. Sollte er aber die „Peripherie" dem „Dorfkern" vorziehen, so findet er auch auf vier Bergbauerngehöften Unterkunft. Das einst so berühmte „Mühlbacher Badl", das höchstgelegene im Pustertaler Raum, das 1967 abgebrannt ist, wurde in seinen alten Glanz zu-

rück versetzt und ist auf alle Fälle einen Besuch wert. Falls man nicht schon dort wohnt, sollte man auf alle Fälle dorthin wandern, denn das Wandern wird sowieso eine der Hauptaktivitäten des „Mühlbach-Reisenden" sein. Natürlich gibt es hier auch für den „Berg-Drahtesel-Betreiber" eine ganze Menge zu tun und ist man erst einmal oben in Mühlbach angelangt, kann man auch ein gutes Stück den Berg entlang ziemlich mühelos dahingleiten. In den kalten Monaten und wohlgemerkt, hier oben kann es kalt sein, ist das Schneeschuhwandern großgeschrieben, ebenso bieten sich eine Abfahrt auf der Rodelbahn beim „Badl" oder eine Fahrt mit dem Pferdeschlitten an, von den Möglichkeiten mit dem Tourenski wollen wir gar nicht erst sprechen! Vergessen Sie nicht das „Mühlbacher Talele", eine einzigartige, unberührte Berglandschaft im Naturpark Rieserferner zu besuchen, solange es das „Talele" noch gibt. Ich bin mir sicher, irgendwo in einer Büroschublade des Landes Südtirol liegt schon der Marschbefehl für schweres Gerät!

26 RATSBERG

Vielleicht ist die Welt wirklich ein großer Zirkus und die Menschen sind die Artisten. Immerhin gibt es für diejenigen, die den Zirkus nicht besonders lieben, immer noch die Möglichkeit in einer vergessenen Ecke die Elefanten mit Wasser zu versorgen ...

Das Pustertal ist ein sehr eigenes Tal, vielleicht schon ein wenig eigenwillig. An der einen Talseite die steilen Zacken der Dolomiten, die Drei Zinnen, Wahrzeichen der Bleichen Berge schlechthin, auf der anderen Seite die eisbedeckten Bergriesen

des Alpenhauptkammes. Auch im Sommer kann schon einmal ein raues Klima vorherrschen im Tal, das den Touristen aus dem Süden aufatmen lässt, und im Winter reicht der Schnee „sicher" ins Tal. Der „echte" Feriengast ist voll und ganz zu Hause im Pustertal. „Gemütlich" hat man das Tal gestaltet für den Urlaubsuchenden, mit Straßen und Pisten, Sommerrodelbahnen und vielem mehr. Dagegen haben sich die Vinschger in einigen Teilen ihrer Landschaft darauf besonnen die Zügel anzuziehen, während man im Pustertal hier und dort schon einmal die Rösser

Anfahrt
Durch das Pustertal bis nach Toblach. Die Weiterfahrt führt zuerst über den Weiler Aufkirchen und dann den Berg hinauf in den Weiler Ratsberg.

Informationen
Tourismusverein Toblach
Dolomitenstr. 3
I-39034 Toblach
Tel. +39 0474 972132
info@toblach.info
www.toblach.info

durchgehen ließ. Aber was soll's; der eine liebt es langsam und der andere flott. Nun denn, stille Orte gibt es einige mehr im Vinschgau als im Pustertal, wo man schon fast bis an die Staatsgrenze fahren muss und dann auch noch den Berg hinauf, bis die Dinge zusammenpassen in einem 30-Seelen-Weiler hoch über Toblach.

Gar viele werden Ratsberg nicht kennen, die paar Häuser am Sonnenhang, die zur Gemeinde Toblach gehören. Immerhin finden sich dort oben zwei Hotels, ein Privatzimmervermieter und ein Bauer, auf dessen Hof man seinen Urlaub verbringen kann. Zum Einkaufen und um all die anderen wichtigen Dinge des Daseins zu erledigen (wie z. B. in die Schule gehen), muss man sich schon nach Toblach bemühen. Nur der Schulbus müht sich bis hier herauf auf 1337 Meter Meereshöhe, ansonsten erfolgt die Anreise mit dem eigenen Wagen. Eine kleine Kapelle gibt es

zwischen den Häusern, vielleicht mehr zur Zierde oder weil sie schon immer dort gestanden hat …
Obwohl der Weiler mit wunderbarem Blick auf die nahen Dolomiten am Sonnenhang liegt, bleibt es auch im Sommer angenehm kühl hier oben. Der Winter hingegen kann dem Reisenden am oberen Ende des Pustertales schon einmal mit sehr tiefen Temperaturen begegnen! In den warmen, oder sagen wir einmal wärmeren Monaten, gibt es in Ratsberg viel zu tun für den Wanderer und Bergradfahrer. Aber auch die Kletterrouten, Wanderwege und Klettersteige der Dolomiten liegen in unmittelbarer Nähe! Wer möchte, kann sich also am Morgen in kürzester Zeit in den Rummel stürzen und wird nach der Rückkehr am Abend die allgegenwärtige Ruhe wieder vorfinden. Und so zeigen sich auch die kalten Monate. Das Schneeschuh- und Winterwandern spielt sich ebenso wie das Tourengehen direkt vor der Haustüre ab, die Rodelbahn endet weit unten im Tal und wer trotzdem lieber in den Skizirkus möchte, der ist auf keinen Fall allzu weit davon entfernt!

27 ENNEBERG-PFARRE

Von oben betrachtet sind die Dolomiten die schönsten Berge der Welt. Am Boden verwandeln sie sich in ein nimmer sattes Ungeheuer und nur mit viel List sind ihm einige wenige Orte entgangen …

Vor langer Zeit schon sind sie bekannt und beliebt geworden, die Bleichen Berge, und über Jahrzehnte hinweg wurde jeder Winkel erschlossen. Fast ist es vollbracht, die Ruhe aus allen Ecken zu verscheuchen, heute hüllt sich das „frischgebackene" Weltnaturerbe in Benzindämpfe und Motorradlärm. Darum kann

man es fast kaum glauben, dass es ein paar wenigen Weilern und Häuseransammlungen gelungen ist, sich vor dem „kompletten Fortschritt" zu verstecken. Das kleine Dorf Enneberg-Pfarre liegt an den steilen Sonnenhängen des Enneberger Tales, ganze vier Kilometer von St. Vigil entfernt, und trotzdem hat sich in diesem kleinen Weiler, der zugleich die älteste Pfarrei des Gadertales ist, eine eigene Welt bewahrt. Die Pfarrkirche mit ihrer langen Geschichte ist der Heiligen Mutter Gottes geweiht und ist zugleich einer der bekanntesten Marien-Wallfahrtsorte Süd-

Anfahrt
Von Bruneck durch das Gadertal und über Zwischenwasser nach St. Vigil in Enneberg. Durch die Ortschaft hindurch, dann der Straßenbeschilderung weiter aufwärts nach Enneberg Pfarre folgen.

Informationen
Tourismusverein
St. Vigil in Enneberg
Catarina-Lanz-Str. 14
I-39030 St. Vigil in Enneberg
Tel. +39 0474 501037
info@sanvigilio.com
www.sanvigilio.com

tirols. Auch heute noch widmen sich die knapp 800 Einwohner fast zur Gänze der Berglandwirtschaft, die der alten Gadertaler Bautradition entsprechenden Gehöfte liegen verstreut um den sehr alten Ortskern mit Kirche, Widum, Ansitz und Schule. „La Pli de Mareo", so der ladinische Name des Ortes, wird als Wiege der ladinischen Kultur bezeichnet.

Obwohl Enneberg-Pfarre, einst Dekanatssitz und Sitz der Landesherren von Enneberg, auf der Westflanke des Kronplatzes liegt, berührt der Tourismus den zu St. Vigil gehörenden Weiler nur am Rande. Das tägliche Leben folgt hier noch einem etwas anderen Rhythmus, man trifft sich zum Gespräch und zum Kartenspiel in einem der drei Gasthäuser der Ortschaft, wobei allerdings nur ein Gasthof Zimmer zum Übernachten vermietet. Dazu kommen ein Privatzimmervermieter und zehn Bauernhöfe, die „Urlaub am Bauernhof" als Nebenerwerb zur Berglandwirtschaft und den typischen Produkten wie Speck, Käse und Honig anbieten. Die Bleichen Berge liegen gerade vor der Haustüre, mehr oder weniger frei von Benzindämpfen, denn die Straße

nach Enneberg-Pfarre ist schmal und obwohl man auf Umwegen die Stadt Bruneck über dieses immer schmaler werdende Asphaltband erreichen kann, wälzt sich der Verkehr über die perfekt ausgebaute Straße des Talbodens. Auch mit dem Lärm ist es nicht weit her hier oben, es gibt keinen Pass, kein endloses Auf und Ab an Kehren, um genügend lärmende Motorradfahrer anzuziehen. Enneberg-Pfarre ist ein Paradies für den Wanderer und den Bergradfahrer, während man sich im Winter hier einquartiert um bescheidene Runden mit den Schneeschuhen oder zu Fuß zu ziehen. Und wer den Dolomiten-Skizirkus auf den „Brettern" erleben möchte, ist im Weiler trotzdem gut aufgehoben. Er ist nicht allzu weit von der Anbindung in die „Weiße Welt" entfernt, erspart sich aber den Rummel davor und danach. Zudem ist die nahe Fanesgruppe ein kleines Paradies für den Skitourengeher. Alle vier Jahreszeiten haben ihren Reiz in der 1300 Meter hoch gelegenen Ortschaft, wobei der Herbst einen besonderen Zauber auf die Landschaft um Enneberg-Pfarre wirft.

28 CAMPILL

Wir Südtiroler sind Helden, Künstler und Gestalter. Demzufolge werden wir auch das Weltnaturerbe Dolomiten nach unseren Vorstellungen gestalten!

Wenn man im „allwissenden", internationalen Netz nach Longiarü, so der ladinische Name von Campill, sucht, so findet man gar wenig. Ein Hinweis, dass Campill im Jahre 1930 an St. Martin in Thurn angegliedert wurde und gemeindemäßig bis heute dort verblieben ist. Campill, im Talschluss des Campiller Tales gelegen, das bei St. Martin in Thurn vom Haupttal, dem Gadertal,

abzweigt, hat genaugenommen den Zug verpasst. Die Frage ob dies gewollt oder ungewollt geschah, soll unbeantwortet bleiben. Der Reisende, der sich in die Ortschaft verirrt, die direkt unterhalb der Puezgruppe im Naturpark Puez Geisler liegt, wird diese übrig gebliebene Welt wohl zu schätzen wissen. Lange Jahre ist sie, vielleicht auch wegen des Naturparks, der zum Weltnaturerbe Dolomiten gehört, von den stählernen Tatzen der Bagger und Planierraupen verschont geblieben. Vielleicht macht man sich beim Land, so nennen wir Südtiroler die alles-

Anfahrt
Von Bruneck durch das Gadertal bis nach St. Martin in Thurn. Dort zweigt die Straße ins Campiller Tal und zu der im Talschluss gelegenen Ortschaft Campill ab.

Informationen
Tourismusverein
St. Martin in Thurn
Tor 18/C
I-39030 St. Martin in Thurn
Tel. +39 0474 523175
info@sanmartin.it
www.sanmartin.it

bestimmende und allesplanende Regierung in Südtirol, gerade deshalb ein wenig Sorgen und hat geschwind eine Baumaschine ins Tal geschickt, um mitten im Weltnaturerbe eine Alm zu erschließen. In ein paar Jahren, wenn Sie dieses Buch wieder einmal in die Hand nehmen werden, ist Gras über die „Sache" und den Zufahrtsweg gewachsen und Campill ist hoffentlich immer noch und im besten Sinne des Wortes ein verschlafenes Dorf geblieben. Immerhin gibt es eine Menge Bauern, genau genommen 14 an der Zahl, die auf ihren in traditioneller Gadertaler Bautradition errichteten Gehöften Urlaub am Bauernhof anbieten. Dazu kommen drei Gastbetriebe im Ortskern, wo der Reisende verköstigt wird und zugleich auch Unterkunft findet. Obwohl die Ortschaft am Talende liegt, ist der Ausblick auf die nahe Umgebung überwältigend. Da die Straße vom Ortskern nur mehr hinauf zu ein paar Gehöften der Streusiedlung führt, hat sich auch die Ruhe noch nicht vom allgegenwärtigen Dolomitenlärm, einem Markenzeichen des Weltnaturerbes, verscheuchen lassen.
Ein kleiner Dorfladen versorgt die Bevölkerung, die hauptsächlich in der Berglandwirtschaft tätig ist, nebenher ein klein wenig „Tourismus betreibt" oder als Handwerker ihren Lebensunter-

halt verdient, mit dem Notwendigsten. Für den Reisenden ist der Laden eine willkommene Entschuldigung, diese Idylle zum Einkaufen nicht verlassen zu müssen. Alles was er braucht, um einen Wandertag oder einen Tag in den steilen Wänden der Dolomiten zu „überleben", kann er dort am frühen Morgen erwerben. Der Bergradfahrer kann sich direkt in Campill auf den Drahtesel schwingen und einzigartige Runden in der bei Bergradlern eher unbekannten Gegend drehen. Im Winter steht wohl das Skitourengehen an erster Stelle im Sportgeschehen des Campiller Tales, gefolgt vom Schneeschuh- und Winterwandern. Mechanische Aufstiegsanlagen gibt es keine im Tal, dazu muss man schon hinaus in die nahe, große Welt des Dolomiten-Skizirkus. Allerdings kann man dazu auch den Linienbus benutzen, der die Mühe nicht scheut, nach Campill hinein zu keuchen. Wer die Dolomiten als einzigartige Landschaft schätzt und liebt, wer dem Weltnaturerbe auch noch eine schöne und gute Seite zugestehen möchte und das nicht nur aus der Ferne, der ist richtig hier im Talschluss vom Campiller Tal.

MYSTISCHE UND MEDITATIVE WANDERUNGEN

DER STUNDENWEG

Die Zeit, mit der wir unser Dasein bestimmen, ist eine Erfindung des Menschen. Zu urteilen, ob es eine gute oder eine schlechte Schöpfung war, ist dem Einzelnen überlassen. Doch nachdem wir die Zeit ins Leben gerufen haben, ist es nicht mehr möglich ihrem Verstreichen Einhalt zu gebieten. Sie zu nutzen, gut oder schlecht, ist die Freiheit, die dem Einzelnen übertragen wurde.

Der Stundenweg nimmt seinen Anfang beim Kloster St. Johann in Müstair und endet beim Kloster Marienberg in Burgeis. Der Weg verbindet also zwei Staaten, zwei ähnliche und doch so verschiedene Lebensräume, hinweg über eine der wenigen noch existierenden Grenzen Europas. Ein Grenzgang also? Vielleicht …
24 Tafeln entlang des Weges weisen darauf hin, dass es neben unserer Gegenwart, die uns mehr und mehr festzuhalten versucht, auch noch andere Welten gibt und dass wir sehr wohl imstande sind unsere Zeit selbst zu stellen. Der Stundenweg, der fernab der Zivilisation dahin mäandert, ermöglicht es dem Wanderer Abstand vom Treiben unserer „täglichen" Welt zu nehmen. Es existieren nur mehr die Eindrücke entlang des Weges; der Rhythmus der Natur, die Ereignisse der Geschichte, der monotone Klang unserer Sprache oder die Stille, die dem einsamen Wanderer Begleiter ist. Der Reisende durchstreift märchenhafte Wälder, Steppen- und Heckenlandschaften und begegnet den Waalen, die das Elixier des Lebens über Zeiträume hin dem Menschen zugänglich machten. Die Landschaft entlang des Stundenweges ist von ungemeiner Vielfalt und wechselt ihr Gesicht mit dem Wetter und im Wandel der Jahreszeiten. Vor allem im Herbst und Frühjahr, wenn andere Wege noch unbegehbar sind, zeigt sich der Weg besonders eindrucksvoll.

Stunde um Stunde offenbaren sich dem aufmerksamen Pilger immer wieder geheimnisvolle Themen. Geschichte, Kultur, Naturkunde und Spiritualität sind seine ständigen Mitreisenden. Der Blick schweift im Tal über alte Haufendörfer, Schuttkegel und eine Kulturlandschaft, die der Mensch immer wieder verändert hat. Aber auch die mächtigen Schweizer Berge, die Ortlergruppe und die Ötztaler Alpen zeigen sich dem aufmerksamen Betrachter. Dazwischen liegt eine Grenze, die für den Wanderer bedeutungslos geworden ist. Bedeutungslos, weil sie die Entdeckung der Langsamkeit bedeutungslos gemacht hat …

Anfahrt: mit dem Auto oder der Vinschger Bahn von Meran nach Mals. Am Bahnhof in Mals umsteigen auf die Busverbindung Mals–Müstair–Zernez (Postbus Schweiz) und so nach Müstair – Schweiz (die Ortschaft liegt gleich hinter der Staatsgrenze – gültigen Ausweis nicht vergessen!). Ausgangspunkt ist das Kloster St. Johann in Müstair.
Angekommen am Endpunkt der Wanderung, dem Kloster Marienberg, kann der Bahnhof in Mals mit dem Shuttle-Taxidienst oder ab Burgeis mit dem Citybus Mals erreicht werden.

Der Weg: Vom Ausgangspunkt der Wanderung beim Kloster St. Johann (Plaz Grond) führt der Weg zunächst über die schweizerisch/italienische Grenze hin zu einem Waalweg, den „Tschenel Waal". Über einen schmalen Weg geht es hinauf zur "Dreiangel", dann weiter zur Ruine „Schloss Rotund"" und von hier ziemlich eben bis zur „Lovareihütte". Der nächste markante Wegpunkt ist der „Schleiser Trai". Weiter geht es oberhalb des „Polsterhofes" und vorbei an der „Klöstersäge" bis hin zum Endziel der Wanderung – dem Kloster Marienberg. Der Stundenweg ist auf der gesamten Strecke gut beschildert. Der Weg erfordert aufgrund seiner Länge eine gute Kondition. Einige exponierte Stellen sind gesichert, doch ist Trittsicherheit Voraussetzung. Insgesamt ca. 6 Stunden Gehzeit von Kloster zu Kloster, 400 m Höhenunterschied. Der Weg kann aber auch in Teilabschnitten (Rundwanderungen) begangen werden, die sich auch für Familien mit Kindern eignen. Zugänge zum Stundenweg gibt es in Müstair (CH), Taufers (I), Laatsch (I), Schleis (I) und beim Kloster Marienberg (I). Entlang des Weges gibt es keine Einkehrmöglichkeiten! Gutes Schuhwerk und Regenschutz sind unabkömmlich.

DIE ALTE STAUMAUER IM HINTERSTEN MARTELLTAL

Aus der Natur kommen wir und in die Natur kehren wir zurück. Diese Symbiose war dem Menschen lange Zeit ein Geschenk, bis die Menschheit dem Gedanken verfiel, sich die Natur Untertan zu machen …

Als die Gletscher noch weit in die Alpentäler hinunterreichten, bildeten die großen Gletscherzungen immer wieder natürliche Dämme, hinter denen sich das Schmelzwasser zur großen Seen aufstaute, die schlussendlich ausbrachen und die darunterliegenden Täler verwüsteten. Auch in der Geschichte Martells gab es immer wieder große Überschwemmungen. Jeweils im Monat Juni, in den Jahren 1779, 1888, 1889, 1891, als die Frühjahrsschmelze einsetzte, während das Eis dem Wasser den Weg versperrte, kam es beim Ausbruch des aufgestauten Wassers zu erheblichen Verwüstungen im Tal. Nach der großen Überschwemmung des Jahres 1891 wurde die damalige österreichische Regierung gebeten die Marteller finanziell zu unterstützen, damit hinter Zufall eine

Talsperre errichtet werden konnte. In den Jahren 1892 und 1893 wurde die heute noch erhaltene, große Schutzmauer gebaut. Sie war seinerzeit die größte ihrer Art im gesamten Alpengebiet. Bereits 1894 bewährte sich die Mauer zum ersten Mal und bewahrte das Tal vor einer weiteren großen Überschwemmung.
Wandert man hinein hinter Zufall, so erreicht man die wuchtige, aber auch fast schon elegant anmutende Mauer aus Natursteinen, die heute einsam und verlassen in einer urwüchsigen Berglandschaft liegt. Lange schon haben sich die Gletscher weit hinauf geflüchtet, um sich vor dem Hitzetod zu retten. Die Plima ist ein fröhliches, kleines Bächlein, das gezwungenermaßen immer noch seinen Weg durch die Mauer nimmt. Besinnlich wird man beim Betrachten der Mauer und der riesigen Felsblöcke, die ohne Hilfe von Maschinen gehauen und dann geschichtet worden sind. Die Natur hat dem Menschen schon oft gezeigt, welch ein Winzling er eigentlich ist. Und doch ist die Menschheit imstande gewesen, das ewige Eis zu verscheuchen und so vielleicht sogar ihren eigenen Untergang vorzubereiten.
Eine Mauer aus Stein wird uns diesmal wohl nicht mehr retten …

Anfahrt: Von Meran oder vom Reschen kommend auf der Vinschgauer Staatsstraße bis nach Goldrain. Dort ins Martelltal abzweigen und Weiterfahrt bis die Straße im hintersten Talwinkel endet. Großer gebührenpflichtiger Parkplatz. Anfahrt bis nach Goldrain mit der Vinschger Bahn oder dem SAD-Linienbus und Weiterfahrt ins Martelltal ebenfalls mit dem SAD-Linienbus möglich.

Der Weg: Vom Parkplatz Aufstieg zur Zufallhütte. Der Weg ist beschildert. Von der Hütte weiter auf dem Weg Nr. 103, der auch zur Marteller Hütte führt. Dort wo der Talboden für den Anstieg zur Marteller Hütte gequert wird, befindet sich auch die alte Staumauer. Direkt auf der Mauer bis an ihr Ende wandern, und dort auf dem Weg Nr. 40 den Abstieg beginnen. Dieser Weg mündet weiter unten in den Weg mit der Markierungsnummer 37, über den der weitere Abstieg zurück zum Ausgangspunkt erfolgt. Insgesamt 2 bis 2½ Stunden Gesamtgehzeit, 300 m Höhenunterschied im Aufstieg. Einfache Rundwanderung durch eine alpine Landschaft. Gutes Schuhwerk und die richtige Bekleidung sind dringend empfohlen.

DIE WANDERUNG ZUM WASSERFALL „BUS DAL PIS"

Oft ist es schwierig alleine einen vorgegebenen Weg zu beschreiten, im Bewusstsein, dass es kein Zurück mehr gibt. In der Menge sind wir stark und voller Kraft, aber wer sagt, dass wir nicht trotzdem Individualisten bleiben können?

Orte des stürzenden Wassers gibt es viele in Südtirol. Wer kennt sie nicht, die kleinen Gebirgsbäche, die auf ihrem Weg ins Tal Wasser sammeln und sich zu guter Letzt über eine Felsenwand in die grausige Tiefe stürzen. Oft sogar mehrmals hintereinander. Klingende Namen gibt es da im Land, den Partschinser Wasserfall im Burggrafenamt, die Reinbachfälle in Sand in Taufers oder die „Konzentschatter" im hintersten Martelltal, eine Wassersäule die vor alledem in ihrem eisigen Winterkleid eine Herausforderung für den Steileiskletterer ist. Wer aber kennt den Tret-Wasserfall, der an der Provinzgrenze Südtirol-Trient sein verstecktes Dasein fristet? Am Nonsberg, wo für den Südtiroler als auch für den Touristen die Welt, wäre sie eine Scheibe, fast schon zu einem Ende kommen würde, ist dieser wunderbare Wasserfall angesiedelt. Kein klingender Name und je nachdem ob man sich noch auf dem Deutschnonsberg oder schon am italienischsprachigen Nonsberg befindet, so wechselt auch der Wasserfall seinen Namen. Felixer Wasserfall, Tret-Wasserfall oder heißt der Wasserfall im Trientner Dialekt wirklich „Bus dal Pis"? Wenn man von St. Felix über den Wasserfallweg Richtung Tret wandert, muss man sehr aufmerksam sein um das stürzende Wasser nicht zu verpassen. Vom Wasserfallweg zweigt rechts ein kleiner Steig ab, der nahe an die Schlucht und den Wasserfall führt. Weit hinauslehnen muss man sich in die schaurige Leere um die fallenden Tropfen beobachten zu können. Leise stürzt hier das Wasser in die Tiefe, die Wassertropfen lösen sich voneinander und suchen sich als Einzelgänger den Weg nach unten, um sich dann wieder zu sammeln und gemeinsam als „Rio Novella" weiterzufließen. Von seinem exponierten Platz hat sich dem Betrachter ein Amphitheater aufgetan, mitten im Wald gelegen, durch das sich das Wasser nach unten stürzt. Die Neugierde ist geweckt, zumal man weit unten im Talgrund einen Weg erkennen kann, der anscheinend nahe ans Wasser führt. Der Weg zum Fuße des Wasserfalles beginnt in Tret. Wer mit dem Auto anreist, fährt am besten durch die Ortschaft hindurch, der Beschilderung „cascata di Tret" folgend und parkt den Wagen in der Nähe des Hotel Aurora. Ich denke mir, man könnte den Wagen am Parkplatz des Hotels abstellen, nachdem man dort einen Kaffee getrunken und sich mit dem Besitzer besprochen hat. Denn hier oben sind die Menschen freundlich …

Anfahrt: Für den kurzen Anmarschweg: mit dem Auto von Lana über den Gampenpass oder von Bozen über den Mendelpass nach Tret. Der Beschilderung „cascata di Tret" bis zum Hotel Aurora folgen. Begrenzte Parkmöglichkeit. Der Weg zum Wasserfall ist beschildert (den linken Weg – „base cascata" nehmen). Das letzte Stück des Weges ist steil, der Abstieg zum Wasserfall erfolgt über Stufen. Von Tret ca. 30 Minuten.
Anfahrt für die Rundwanderung: mit dem Auto von Lana über den Gampenpass oder von Bozen über den Mendelpass nach Unsere liebe Frau im Walde. Parkmöglichkeit gegenüber dem Weiher am Ortseingang.

Der Weg: Von Unsere Liebe Frau im Walde über den Weg Nr. 1 Richtung St. Felix wandern. An der Wegkreuzung mit dem Weg Nr. 1A auf diesem weiter nach St. Felix (Wegschilder) bis zur Kirche. Nach der Kirche rechts die Straße hinunter und über den Wasserfallweg, der bis nach Tret zum Hotel Aurora führt. Kurz vor dem Hotel rechts ist der Abstieg zum Wasserfall beschildert. Über denselben Weg zurück nach St. Felix und weiter auf dem Anmarschweg, der Nr. 1A bis zur Weggabelung beim Hof Gori, wo auf den Weg Nr. 53 abgezweigt wird. Über Wiesen hinauf zur Hauptstraße, bis der Weg im Wald verschwindet. Bei der zweiten Wegkreuzung weiter über den Weg Nr. 52, der in den Weg Nr. 51 übergeht und so zum Gampenpass führt. Vom Pass über den beschilderten Saurierlehrpfad „Triassic Park" nach St. Felix absteigen. Insgesamt 6 bis 6½ Stunden Gesamtgehzeit, 850 m Höhenunterschied. Einfache, aber sehr lange Rundwanderung.

DIE WANDERUNG ZUR KASER LACKE

Einen großen Teil der Freiheit, die wir ständig suchen, können wir in der Natur finden. So einfach und doch so schwierig. Mag es vielleicht daran liegen, dass die Natur für viele von uns unmodern geworden ist?

Die Texelgruppe, aber besonders die Spronser Seen sind trotz der Nähe zu der sich immer in Unruhe befindlichen Kurstadt Meran eine fast urzeitlich anmutende und weltabgeschiedene Landschaft. Das Spronser Joch, oberhalb der Seen gelegen, ist ein uralter Übergang, der bereits in der Steinzeit genutzt wurde.
Bei der Oberkaser, in der Nähe der Kaser- und der Pfitscher Lacke, wurden nachweislich vor ca. 3000 Jahren Brandopfer dargebracht. Für unsere Vorfahren schienen die Kontakte zu den höheren Mächten wohl notwendig, um neben der konkret greifbaren Welt, die der Einzelne selbst beeinflussen konnte, auch die unergründbaren Geheimnisse des menschlichen Daseins günstig zu beeinflussen und in die „richtige" Richtung zu lenken. So waren Opferhandlungen immer schon Bestandteile von Ritualen, die man im Umgang mit höheren Mächten pflegte. Prähistorische Brandopferplätze sind Naturheiligtümer, die in unterschiedlichen topographischen Lagen, immer unter offenem Himmel, liegen, verschieden groß sind und unterschiedlich lange genutzt wurden. Brandopfer sind eine uralte Form, um mit höheren Mächten zu kommunizieren und die irdische mit der himmlischen Welt zu verbinden. Dem Brandopfer liegt die Vorstellung zugrunde, dass das Feuer das Opfer reinigt und dieses dann in reiner Substanz in eine höhere Sphäre übergeht. Brandopferplätze zeichnen sich durch die Anhäufungen von verbrannten Knochen der Opfertiere aus. Man hatte nämlich den höheren Mächten die fleischarmen Stücke zugedacht,

während die fleischreichen von der Gemeinschaft im Kultmahl verzehrt wurden.
Hinauffahren zum Hochmuter sollten wir mit der ersten Seilbahnfahrt am Morgen. Dann schlafen die Touristen noch, während die Einheimischen zur Arbeit eilen. Mit der ersten Fahrkarte haben wir auch die Ruhe gekauft. Der unwirkliche Ausblick über das Etschtal trägt noch das seine zu einer Welt bei, die dem einsamen Wanderer fast schon etwas irreal erscheinen mag. Weiter oben am Berg, wenn erst einmal die Abzweigung ins Spronsertal erreicht ist, betreten wir ein neues Universum. Wild ist die Texelgruppe, naturbelassen, lang und zum Teil steil sind die Wege, die uns in ein Fragment lange schon vergangener Südtiroler Zeiten führen. Noch ist diese Welt nicht erschlossen und gerade deshalb sollten wir ihre Urtümlichkeit aufsaugen, denn wie lange wird es dauern, bis die alleserschließende Maschinerie auch über dieses Tal herfällt? Halt machen bei der Pfitscher und bei der Kaser Lacke und ein wenig ins Sinnieren verfallen, bevor wir bei der Oberkaser wieder in die Zivilisation zurückkehren …

Anfahrt: Von Meran mit dem Privatauto oder mit dem Linienbus nach Dorf Tirol, durch die Ortschaft durch und weiter bis zur Talstation der Seilbahn Hochmuth. Großer Parkplatz. Der Linienbus hält ebenfalls an der Talstation.

Der Weg: Von der Bergstation der Seilbahn steigt man kurz zum Gasthof Steinegg an und zweigt dort auf den Weg Nr. 22 ab, der zum Mutkopf führt. Weiter geht's in Richtung Mutspitze (Bockersteig, Nr. 22) bis zur ersten Weggabelung. Der rechte Weg (Jägersteig, Nr. 22) führt hinein ins Spronser Tal und übers Pfitscherjöchl bis zu den beiden Seen Pfitscher und Kaser Lacke. Von dort wandert man kurz weiter zur Alm Oberkaser. Abstieg auf dem Weg Nr. 6, vorbei an der Alm Unterkaser, hinunter zur Bockerhütte und im weiteren Abstieg bis nach Longfall und zum Tiroler Kreuz. Von dort mit dem Linienbus oder zu Fuß zurück zur Talstation der Seilbahn. Insgesamt 5 ½ bis 6 Stunden Gesamtgehzeit, 850 m Höhenunterschied im Aufstieg, 1400 Hm im Abstieg. Rundwanderung durchs Hochgebirge, die Trittsicherheit, eine gute Kondition, die richtige Ausrüstung und gutes Wetter voraussetzt. Langer und zum Teil steiler Abstieg durch das Spronser Tal.

DER „HEILIGE HAIN" VON PREGATMORT

Die andauernde Suche nach dem Außergewöhnlichen lässt uns das Offensichtliche übersehen.

Diese Wanderung führt nur zu einem „heiligen Hain" …
Einem Wald also, nichts außergewöhnliches, kein Bauwerk, keine besondere Unterhaltung, nur Bäume und ein großer Haufen Steine. Und Stille, Ruhe, Einsamkeit und eine Umgebung voller Rätsel. Gerade unterhalb des alten Überganges vom Etschtal auf den Nonsberg, der „Barbara Schneid", liegt der Hain von Pregatmort.
In Südtirol erkennt man die einsamen Gegenden an der Wegbeschilderung. Der Zuschuss an die Tourismustreibenden hat es nicht bis hierher geschafft, der Moloch unten im Tal hat alles verschlungen. Vollgestopft und zufrieden liegt die Weingegend dort drunten, genüsslich vor sich hin rülpsend, während das Hinweisschild zur „Barbara Schneid" windschief und verwittert an einem Baum hängt.
Die Einsamkeit und Ruhe hier oben ist umgeben von einem wunderschönen Mischwald, der bis hinauf zum Kamm reicht. Alleine soll man durch diese verzauberte Welt wandern, denn sprungbereit wie ein scheues Tier lauert die Ruhe, und schon ein einziges Wort wird sie vertreiben.
Weit oben, als ich den „heiligen Hain" von Pregatmort betrete, spüre ich, dass ich angekommen bin. Die uralten Bäume strecken ihre langen Äste nach mir aus, umfangen mich und wiegen mich in Sicherheit. Ich weiß nun, warum die Menschen nach Pregatmort gepilgert sind …

Am Wegrand ein großer, aus Lesesteinen errichteter Steinhaufen. Lesesteine werden in der Geomorphologie, aber auch umgangssprachlich auf Wiesen, Weiden und Äckern liegende Steine und Blöcke genannt. Sie werden oft zu Lesesteinhaufen, Lesesteinwällen oder Trockenmauern aufgeschichtet.
Die Steine wurden von den vorbeiziehenden Pilgern zuerst an der Brust gerieben und dann mitsamt den Sünden auf den Haufen geworfen. Wieder einmal haben wir es uns leicht gemacht mit all unseren Fehltritten … Bevor ich weitergehe lege ich vorsichtshalber einen Stein auf den Haufen …

Anfahrt: Von Bozen oder von Süden kommend über die Brennerautobahn bis zur Ausfahrt Neumarkt/Auer. Dann der Beschilderung nach Kurtatsch folgen. Von Kurtatsch fährt man Richtung Fennberg (Straßenbeschilderung). Nach einigen Kilometern nach Graun abzweigen. Durch die Ortschaft Graun hindurch und gleich am Ortsende links über den Jochweg hinauf. An der Abzweigung sind auch zwei alte Wegweiser (St.-Barbara-Schneid und Grauner Joch) des Alpenvereins angebracht. Über den Jochweg aufwärts, zuerst über Teer, dann weiter auf einer Schotterstraße bis zu einem Parkplatz. Hier beginnt der Aufstieg.

Der Weg: Am Anfang des Parkplatzes gibt es ein Wegschild, der Weg selbst ist mit der Nummer 1 markiert und, obwohl sehr spärlich ausgeschildert, einfach zu finden. Die Abzweigung zur St.-Barbara-Schneid, weit oben am Berg, ist wiederum beschildert (Nummer 1, Barbara). Der folgende Steig wird auch als „Schönleitensteig" bezeichnet, da er durch das Schönleitenbiotop führt. Oben am Kamm treffen wir auf den Bildstock „St. Barbara". Wir folgen der Wegmarkierung Nr. 500 Richtung Norden (vom Schönleitensteig rechts abbiegen – Beschilderung „Roen" – das Grauner Joch ist nicht angeführt). Zuerst noch in leichtem Anstieg bis zur Kuhlegerhütte und weiter zum Grauner Joch (Beschilderung Kurtatsch – 1a). Von hier geht es steil hinunter bis zur Forststraße und über diese weiter, bis man auf den Aufstiegsweg trifft. Insgesamt 5 bis 5½ Stunden Gesamtgehzeit, 860 m Höhenunterschied im Aufstieg. Einfache Rundwanderung mit einigen steileren Passagen (vor allem im Abstieg) durch eine einsame, wunderschöne Mittelgebirgslandschaft. Gutes Schuhwerk und Trittsicherheit im Bereich „Schönleitensteig" sind Voraussetzung.

TIPP

Waldschenke
Der ruhige und besinnliche Friedensweg führt von Kaltern nach St. Peter in Altenburg. Dabei wird die Waldschenke gestreift, eine gemütliche Einkehr, in der hauptsächlich Produkte vom eigenen Hof angeboten werden. Bis spät in den Herbst hinein bieten sich Wanderungen in der nahen Umgebung an, unter anderem der Weg von Graun nach Altenburg und hin zur Waldschenke, wo die Tradition des Törggelens besonders gepflegt wird

Tel. +39 0471 962703
waldschenke@virgilio.it

DER GÖLLERSEE

Im Wasser liegt das Heil, im Wasser liegt die Kraft; Worte vom Menschen geprägt. Was aber liegt wirklich unter diesem undurchdringlichen Dunkel der Bergseen? So meide das Wasser wenn du nicht guter Dinge bist!

Viele Sagen sind im Laufe der Zeit um die zumeist düsteren Bergseen Südtirols entstanden. Obwohl das Wasser dem Menschen immer schon Quelle des Lebens war, bargen diese geheimnisvollen und oft sehr versteckt gelegenen Seen viele Geheimnisse. Wer hauste dort drunten unter dieser undurchdringlichen, schwarzen Oberfläche? Waren es die guten oder die bösen Geister, die während eines Gewittersturms das Wasser über die Seeoberfläche peitschten, den Wasserspiegel sinken und wieder ansteigen ließen, den Seen ihre verschiedensten Farben gaben? Viele Fragen, die dem Menschen unbeantwortet blieben. Auch heute noch ziehen uns diese Seen in ihren Bann, denn wenn man lange genug in ihre unergründliche Tiefe starrt, finden wir so manche Antwort auf unsere ewigen Fragen …

Der Göllersee ist ein kleiner, idyllischer Waldsee, nordwestlich von Aldein auf ungefähr 1100 Metern Meereshöhe gelegen. Er ist glücklicherweise kein so bekannter See wie der Kalterer oder der Montiggler See und so kann ihm in jedem Falle das Prädikat „einen Besuch wert" zugestanden werden. Eine unangetastete Natur aus Föhren, Buchen, Birken, Schilf und gerundeten Felspartien umgeben ihn, schattige Wanderwege führen von der Ortschaft Aldein zum Wasser im Wald, in dem es sich an warmen Sommertagen auch recht gut schwimmen lässt. Unweit des Sees liegt der „Hexenstein" einsam und alleine mitten im Wald. Ein riesiger Felsblock, den wohl die Gletscher der Eiszeit hierher getragen haben. Auf dem Rückweg führt die Wanderung am Aussichtspunkt Rotwand vorbei, der einen gewaltigen Rundblick über das darunterliegende Etschtal und die gegenüberliegenden Berge bietet.

Anfahrt: Von Bozen oder von Süden kommend über die Brennerautobahn bis zur Ausfahrt Neumarkt/Auer. Weiter bis kurz vor Auer und der Beschilderung ins Fleimstal folgend zur Abzweigung nach Aldein. Großer Parkplatz bei der Einfahrt in den Ortskern.

Der Weg: Vom Parkplatz kurz über die Straße aufwärts bis zur ersten Rechtskurve. Der Weg Nr. 17B (Mühlenweg) zweigt links ab, führt zwischen zwei Häusern hindurch, dann über die Felder und hinein in den Wald. Bei der ersten Weggabelung wandert man links, immer auf dem Weg Nr. 17B weiter. An der darauffolgenden Kreuzung mit dem von links kommenden Weg Nr. 17 geht man geradeaus weiter und biegt bei der nächsten Gabelung auf den Weg Nr. 17 ab, der direkt zum Göllersee führt. Weiter geht's auf dem Weg Nr. 17, an der nächsten Wegverzweigung biegt man links ab und gelangt, immer auf dem Weg Nr. 17, zum Aussichtspunkt „Rotwand". Schließlich trifft der Weg Nr. 17 auf Weg Nr. 17B, der zurück zum Ausgangspunkt führt. Insgesamt 2½ bis 3 Stunden Gesamtgehzeit, 250 m Höhenunterschied. Einfache und gemütliche Rundwanderung ohne besondere Schwierigkeiten.

DIE RUINE GREIFENSTEIN

War die Welt früher besser oder ist sie heute besser? Die Welt tragen wir im Kopf herum; sie ist so wie wir sie gestalten.

Greifenstein ist eine Burgruine hoch über Siebeneich. Die Burg wurde 1158 erstmals urkundlich genannt und war damals im Besitz der Familie von Greifenstein. In der zweiten Hälfte des 13. Jahrhunderts wurde die Anlage zerstört und ging im späten 14. Jahrhundert, nachdem der letzte Angehörige der Familie von Greifenstein in der Schlacht von Sempach 1386 gefallen war, in den Besitz der Herren von Starkenberg über. Der Legende nach erhielt die Burg den Beinamen „Sauschloss", als Friedrich IV. („mit der leeren Tasche") die Festung 1423 über mehrere Wochen hinweg belagerte. Die Belagerten – unter ihnen Oswald von Wolkenstein, der ein Lied über diese Episode verfasste – warfen Friedrich und seinem Heer angeblich ein gebratenes Schwein hinab um zu verdeutlichen, dass ein Aushungern der Burginsassen ausgeschlossen wäre. Tatsächlich sollen die Belagerer daraufhin abgezogen sein.
„Ach", meint Kundschaft von mir, „diese Geschichte haben wir schon des Öfteren gehört." Bei uns zu Hause natürlich und sie „passt" auch dort auf mehrere Schlösser. So ist es halt wieder

nichts gewesen mit der List und Schlauheit der Tiroler Vorfahren. Trotzdem klettere ich in den Burghof und lasse meinen Blick über das Etschtal schweifen. Wer hätte damals, als die Burg noch bewohnt war, daran gedacht, dass es im Tal drunten irgendeinmal eine der größten Monokulturen Europas geben würde. Und alles schön verpackt mit Hagelschutznetzen, die dem monotonen Grün der Obstanlagen einen lustigen weiß-schwarzen Anstrich verpassen.
Gebratenes Schwein brauchen wir keines mehr über die Mauern schmeißen, denn bis wir all unser Obst brav aufgegessen haben, sind sämtliche Belagerer dieser Welt verhungert.

Anfahrt: Von Bozen über die Staatsstraße bis nach Siebeneich oder von Meran kommend über die Schnellstraße MeBo bis nach Terlan und weiter über die Staatsstraße bis nach Siebeneich. Parkmöglichkeit beim Gasthof Patauner.

Der Weg: Man benutzt am besten die Straßenunterführung und wandert an der Barockkirche des Deutschen Ordens vorbei bergwärts (Wegmarkierung 11A) bis der Weg im Wald verschwindet. Bei der ersten Weggabelung folgt man dem Weg Nr. 11, der steil und schweißtreibend hinauf zum Sauschloss führt. Noch ein kleines Stück steil weiter, dann wird der Weg flacher und führt durch die Wiesen, flankiert von Kastanienbäumen, zum Noafer Hof. Bis zur nächsten Weggabelung geht's auf dem Weg Nr. 11 weiter, dann biegt man links auf den Weg Nr. 9 ab, der schließlich zum Gehöft Moar in Rumsein führt. Von dort wandert man der Straße entlang an Apfelfeldern und Wiesen vorbei, bis die Straße an einer Forstschranke endet. Weiter geht es zuerst auf einer gesperrten Straße und dann über einen Waldsteig Richtung Ruine Helfenburg und Friedrichshöhe. Um zur Friedrichshöhe zu gelangen, wählt man bei der ersten Wegkreuzung nach der Ruine Helfenburg den Weg Nr. 10, der hinunter ins Tal und entlang der Hauptstraße zurück zum Ausgangspunkt führt. 4 ½ bis 5 Stunden Gesamtgehzeit, 760 m Höhenunterschied im Aufstieg. Relativ einfache, aber sehr lange Mittelgebirgsrundwanderung mit steilem Aufstieg, die eine ordentliche Portion Ausdauer voraussetzt. Gutes Schuhwerk wird dringend empfohlen!

DIE STOANERNEN MANDLN

Ständig suchen wir nach Antworten und Lösungen. Dass viele Dinge nie gelöst werden und es oft keine Antworten gibt, sollte uns Hinweis genug sein, wie verschwindend klein der Mensch im Universum doch ist …

Über 150 Steinpyramiden gibt es inzwischen auf dieser sagenumwobenen Kuppe, der „Hohen Reisch", auf 2000 m Meereshöhe am Tschögglberg und immer wieder kommen neue dazu. Urkundlich erwähnt wurden diese Stoanernen Mandln (Männlein aus Stein) das erste Mal vor 500 Jahren. Die ersten Steintürme wurden womöglich schon von den Kelten aufgeschichtet. Hirten haben wahrscheinlich das Ihre dazugetan und heute noch türmen die vielen Wanderer und Kinder immer wieder Steine übereinander, um neue Steinpyramiden zu schaffen. Um einen Hexentreff soll es sich hier gehandelt haben. Hier oben am Berg hat man das schlechte Wetter herbeigewünscht und sich mit dem Teufel getroffen. Warum die Steine zu diesen Pyramiden getürmt wurden und wann die ersten Steintürme entstanden sind, kann heute niemand mehr genau beantworten. Sicher ist, dass dieser Platz ein Geheimnis birgt, das sich jeder, der die Hohe Reisch besucht, selber suchen muss.

Der Ausblick von dieser Kuppe ist atemberaubend; der Blick schweift von den Gletschern der Ortlergruppe hinunter zur Brenta und weit hinein in die Dolomiten, um im Norden am Alpenhauptkamm zu enden. Viele Menschen zieht es hier herauf zu den Stoanernen Mandln. Suchen wir nicht alle nach einem Geheimnis, einem Ausweg, einem besonderen Erlebnis? Der Mensch ist rastloser denn je, obgleich er in einer Welt ohne Grenzen lebt. Vielleicht gerade deswegen versucht er immer wieder und zumeist erfolglos die dünne Wand, die uns vom Rätselhaften trennt, zu durchbrechen. Auf der Hohen Reisch, wo immer noch das Wetter gebraut wird, wo sich wahrscheinlich immer noch die armen und die reichen Seelen zu einem gemeinsamen, lustigen Reigen treffen, hier kann man zur rechten Stunde den Ausgang in eine andere Welt finden. Man sollte herauf wandern zu den Steinen und eine Übernachtung auf der Möltner Kaser (Weg 23A, 30 Minuten) einplanen. So hat man Zeit die Dämmerstunde zu versitzen um sich Eintritt zu verschaffen in die geheimnisvolle Welt, die tief drinnen in uns lebt.

Anfahrt: Von Bozen mit dem Privatauto oder mit dem Linienbus nach Sarnthein, dem Hauptort des Sarntals. Großer Parkplatz am Ortseingang Sarnthein Süd.

Der Weg: Vom Parkplatz entlang des Baches Richtung Bozen bis zur Brücke. Dort rechts ab (Markierung 2 – Sarner Skihütte), durch Sarnthein hindurch, dann über Wiesen und zum Schluss durch den Wald aufwärts zur Sarner Skihütte. Weiter führen die Markierungen Nr. 2/2A, bei der ersten Weggabelung folgt man der Nr. 2 zur Auener Alm und steigt von dort zum Auener Joch an. Vom Joch dem Weg Nr. 11 Richtung Süden folgend erreicht man die Stoanernen Mandln. Der Abstieg erfolgt nun über den Weg Nr. 23 hinunter zum „Putzer Kreuz" (Kapelle und Gasthaus) und weiter über den Weg Nr. 5 zurück zum Ausgangspunkt in Sarnthein. Insgesamt 6 bis 6½ Stunden Gesamtgehzeit, 1090 m Höhenunterschied im Aufstieg. Einfache, aber sehr lange Mittelgebirgsrundwanderung, die Ausdauer und gutes Wetter voraussetzt.

TIPP

Sarnar Morgreti Essen

Am 22. Juli feiert die Margaret ihren Namenstag. Diese Zeit wird im Sarntal „Morgreti" genannt. Ebenfalls im Juli werden im Durnholzer Tal die kulinarischen Spezialitätentage abgehalten. Die großen Besonderheiten beim „Sarnar Morgreti Essen" sind nach wie vor die einheimischen, hausgemachten Köstlichkeiten sowie die typische Sarner Hausmannskost. Doch, man höre und staune, auch der Fisch aus dem Meer fehlt nicht auf ganzen 1800 m über dem Wasserspiegel!

Tourismusverein Sarntal
Europastraße 15
I-39058 Sarnthein
Tel. +39 0471 623091
info@sarntal.com
www.sarntal.com

DER CARL-TOLDT-WEG

Wenn uns die Heimat fremd wird, wird uns die Fremde zur Heimat …

Das Land ist schön; vielleicht ist es das schönste Land überhaupt. Und trotzdem ist es keine neue Erscheinung, dass die Menschen das Land verlassen … Carl Toldt wurde am 3. Mai 1840 in Bruneck geboren und verreiste in seinen Jugendjahren aus der Provinz nach Wien, um an der Universität Medizin zu studieren. Nach seiner erfolgreichen Promotion wurde er dort zum Professor für Anatomie berufen. Im Jahr 1876 wechselte er kurzzeitig nach Prag, kehrte aber schon im selben Jahr nach Wien zurück und wurde 1897 zum Rektor der Universität Wien ernannt. Er hielt sich als Sommergast in Vahrn auf und gründete dort auch den Verschönerungsverein. 1920 verstarb er in Wien. Das schöne Land verlassen haben viele, zurückgekehrt sind nur wenige …

Die Ortschaft Vahrn ist der Autobahn zum Opfer gefallen. Ich bin jahrelang an Vahrn vorbeigefahren, ja ich habe mich sogar beeilt diesem Ort zu entkommen, dem ich nichts abgewinnen konnte, denn der Beton der nimmer ruhenden Fahrspuren, die die Ortschaft zerteilen, erschreckte mich. Eines Tages bin ich dann doch unter dem Viadukt hindurch gefahren und war erstaunt, auf der anderen Seite des Betons eine richtige Ortschaft anzutreffen. Eine Ortschaft voller Ruhe, mit einem wunderschönen Rundweg und einer vielbesuchten Kneippanlage. Ich bin den Weg entlanggewandert, vorbei an den alten Häusern und hinauf zur Burgruine Salern, die im 13. Jahrhundert von Bischof Bruno erbaut wurde. Die romantisch gelegene Ruine war einst Adelssitz und fungierte als Sitz des Gerichtes von Salern. Schließlich erreichte ich den Schalderer Bach und die Kneippanlage, alleine schon diese ist einen Ausflug wert, und sinnierend spazierte ich über die Georgspromenade entlang des Wassers zurück. Das Land ist schön, vielleicht das schönste Land überhaupt … Aber warum verlassen so viele das Land, um ihm fremd zu werden, nur mehr als Tourist in das Land zurückkehrend um dann irgendwo in der Ferne das Dasein zu beenden? Antwort habe ich keine gefunden auf meiner Wanderung …

Anfahrt: Von Bozen oder vom Brenner kommend über die Brennerautobahn bis zur Ausfahrt ins Pustertal. Auf der Staatsstraße fährt man in Richtung Brixen und kommt so nach Vahrn. Von der Staatsstraße nach rechts ins Zentrum abzweigen (Beschilderung), unter der Zugunterführung hindurch und gerade weiter bis zum Parkplatz.

Der Weg: Der Carl-Toldt-Weg ist am Eingang zum Parkplatz auf einer Hinweistafel beschrieben. Bei der Hinweistafel gleich nach links abbiegen, über die Brücke und die Straße hinauf bis zur ersten Wegkreuzung. Dort nach rechts in die Voitsbergstraße einbiegen und geradeaus weiter bis die Straße endet. Links abbiegen und auf der Bahnhofsstraße weiterwandern (der Carl-Toldt-Weg ist beschildert) bis zum Sommersitz „Carl Toldt". Entlang des Spilucker Baches ansteigend gelangt man zur Waldkapelle „Gartenhof". Weiter geht es durch den Wald aufwärts zum höchsten Punkt der Wanderung, wo sich die Wege verzweigen. Nach rechts geht es zur Ruine „Voitsberg" weiter, während der Carl-Toldt-Weg nach links zur Ruine „Salern" führt. Nun beginnt der Abstieg zum „Bruggerviertel" in der Nähe des Naturdenkmals „Schalderer Bach", wo man dann auf die vielbesuchte Kneippanlage trifft. Von dort führt die Georgspromenade rechts am Bach entlang abwärts zurück zum Ausgangspunkt. Insgesamt 1 ½ Stunden Gesamtgehzeit, 160 m Höhenunterschied im Aufstieg. Einfache, gemütliche und abwechslungsreiche Wanderung, besonders geeignet für Familien und ältere Menschen.

TIPP

Villa Mayr

Die Villa Mayr, seit 1870 ein Gasthaus, war früher einmal die zum Hotel Elephant in Brixen gehörende Sommerresidenz. Das in den letzten Jahren renovierte Gebäude hat einen schattigen Biergarten, eigentlich eine angenehme Ausnahme in Südtirol. Die Villa Mayr ist bekannt für ihr „Fladenbrot", wobei hier nicht nur Pizza gebacken wird, sondern auch kleine Gerichte serviert werden. Eine willkommene Einkehr also am Carl-Toldt-Weg.

Tel. +39 0472 833945

DER MENHIR BEIM MOAR IN UMS UND DAS PFUNDERER BERGWERK

Wie viel Beton, wie viel Asphalt verträgt unser Land bevor uns beim Gehen wirklich die Füße weh tun werden?

Das Pfunderer Bergwerk war eines der bekanntesten und ertragsreichsten Bergwerke Tirols. Urkundlich wird es schon im 12. Jahrhundert erwähnt. Damals übertrugen Graf Arnold von Greifenstein und seine Gemahlin Adelheid den „mons argenti", den Silberberg von Villanders, dem neugegründeten Kloster Neustift bei Brixen. Nach seiner Stilllegung Anfang des 20. Jahrhunderts geriet das Bergwerk in Vergessenheit. In den letzten Jahren renovierte der Kultur- und Museumsverein Villanders das Bergwerk, um es der Öffentlichkeit zugänglich zu machen. Heute werden drei Mal wöchentlich Führungen angeboten. Beim Aufstieg zum Bergwerk führt die Wanderung am 3 Meter hohen Menhir im Wald bei Moar in Ums vorbei. Menhir ist eine ursprünglich bretonische Bezeichnung für einen aufgerichteten Monolithen und bedeutet „Langer Stein" (maen = Stein, hir = lang). Die Menhire gehören hauptsächlich zur Megalithkultur der Jungsteinzeit und der Bronzezeit. Sie unterscheiden sich von den Findlingen, die während der Eiszeit durch die Gletscher transportiert worden sind dadurch, dass sie bewusst vertikal aufgestellt und in der Erde verankert wurden. Menhire stehen vielfach in Zusammenhang mit dem Totenkult.
Eine wunderschöne Wanderung, eine einsame Wanderung durch ursprüngliche Landschaft. Ein Blick auf die nahen Dolomiten wie man ihn erst einmal finden muss. Drunten im Tal das monotone

Dröhnen der Autobahn. Nie mehr wird hier Stille herrschen. „In die Ecke, Besen! Seid's gewesen". Die Geister, die wir Tiroler riefen, werden wir nicht mehr los …

Anfahrt: Von Bozen oder vom Brenner kommend über die Brennerautobahn bis zur Ausfahrt Klausen. Zurück nach Klausen, das Städtchen auf der Staatstraße umfahren und am Ortsausgang hart rechts abbiegen (man sieht die Beschilderung nach Villanders im letzten Moment!). Hinauf bis zum Ortseingang von Villanders und beim Hotel Hubertus rechts abbiegen. Kurz hinauf über die Straße bis zum kleinen Parkplatz rechter Hand.

Der Weg: Vom Parkplatz über die Straße aufwärts bis ein Wegschild (St. Anna) nach rechts in die Häusergruppe weist. Nach einigen Metern trifft man wiederum auf ein kleines Wegschild, der weitere Anstieg verläuft über eine Treppe mitten durch die Häuser bis er in den „Keschtnweg" mündet, über den man weiterwandert. Bei der ersten Weggabelung nicht links abbiegen (Wegschild „St. Anna"), sondern weiter über den „Keschtnweg", der schließlich nach der Querung des Waschetgraben auf den Erzweg trifft. Über diesen aufwärts ansteigen bis ein kleines Schild, kurz unterhalb des Gehöftes „Moar in Ums", zum Menhir weist. Nach Besuch des Menhirs Weiterweg über den Erzweg aufwärts bis zum im Wald versteckten Kirchlein St. Anna. An der Kirche vorbei, bei der nächsten Weggabelung geradeaus und kurz danach links abbiegen (Wegschild „Elisabethstollen"). Steil über diesen Weg hinauf bis wiederum ein Schild (Abkürzung zum Elisabethstollen) den Zugang zum Bergwerk weist. Vom Bergwerk kurz über die Naturstraße ansteigen, bei der ersten Wegkreuzung links abbiegen (Wegschilder nach Villanders) und über einen Hohlweg steil hinunter, bis sich der Weg mitten im Wald neuerlich verzweigt. Dem nicht beschilderten Abstieg geradeaus weiter folgen. Bald schon wird ein betonierter Wirtschaftsweg erreicht. Über diesen hinunter bis zur Straße und weiter vorbei an der Burg Gravetsch hinunter zum „Keschtnweg" und über diesen zurück zum Ausgangspunkt. Insgesamt 3½–4 Stunden Gesamtgehzeit, 580 m Höhenunterschied im Aufstieg. Einfache Wanderung mit kurzem, steilem Anstieg vor dem Bergwerk und einem steilen Hohlweg am Beginn des Abstieges, gutes Schuhwerk wird dringendst empfohlen.

TIPP

Ansitz Zum Steinbock
Nicht nur der Blick auf die Dolomiten, den man von der Terrasse aus hat, besticht. Der historische Ansitz vermittelt eine Atmosphäre längst vergangener Zeiten, während man in den alten Stuben fein zubereitetes Fleisch aus der biologischen Aufzucht verzehrt. Im Steinbock erwartet den Gast eine 250 Jahre alte Wirtshaustradition, spürbar im noch so entlegensten Winkel des Ansitzes.

Defreggergasse 14
I-39040 Villanders
Tel. +39 0472 843111
info@zumsteinbock.com
www.zumsteinbock.com

DER SCHLIEFSTEIN

Große, stille Lehrmeister sind die Berge. Wer sie zu verstehen lernt, findet dort oben nie gekannte Erfüllung. Wer aber ihre Sprache nicht versteht, für den bleiben sie immer und ewig aus Stein …

Der gespaltene Stein direkt neben der Tschantschenon Alm ist ein typischer heiliger „Schliefstein". „Durchschliafn" sagen wir Südtiroler, also irgendwo durchschlüpfen.
Schliefsteine sind der Mittelpunkt eines uralten Geburts- und Fruchtbarkeitkultes. Frauen, die noch keine Kinder geboren hatten, oder Schwangere, die sich eine unkomplizierte Geburt erbitten wollten, schlüpften durch den Spalt im Felsen, um von der göttlichen Bergmutter Hilfe zu erhalten. Das Durchkriechen durch Felsspalten wird als Eingang in den Mutterschoß und auch als Wiedergeburt gedeutet. Man munkelt, dass manche Frauen heute noch durch den Spalt „durchschliafen"... Glaube oder Aberglaube, wahr oder unwahr; was den Geist in Ruhe zu versetzen vermag, ist gut für den Menschen!
Die Gegend am Ende des Villnösser Tales ist eine geschäftige. Vielleicht weil man „vergessen" hat einen großen Skizirkus zu errichten, oder ein Sommer-Erlebniszentrum und sich die Landschaft herüben nicht mit der Landschaft „drüben" im geschäftigen Grödner Tal durch breite Teerstreifen verbindet. Die Menschen sind hier zum Wandern, Ausruhen, vielleicht auch zum Nachdenken und zum Grübeln.

Winzig klein fühlt man sich unter den imposanten, steil aufragenden Nordwänden der Geislerspitzen, die das eine Mal in Sonne getaucht ihre freundliche Seite zeigen, das andre Mal drohend und furchterregend, von Nebelschwaden und Gewittern umgeben, dastehen. Wo anders sollte denn der Schliefstein zu finden sein, als hier auf dieser Lichtung gerade unterhalb der bizarren Türme. Obwohl man durch den Bau einer Kapelle die Einverleibung dieses heidnischen Ortes ins Christentum zu unterstreichen versuchte, ist es auch heute noch so, dass man früh am Morgen oder spät am Abend den Zauber dieser von Lärchen und Föhren umgebenen Landschaft erleben kann. Denn die Kapelle ist inzwischen verschwunden, aber die guten Geister wohnen immer noch hier …

Anfahrt: Von Bozen oder vom Brenner kommend über die Brennerautobahn bis zur Ausfahrt Klausen. Auf der Staatsstraße Richtung Brixen bis zur Abzweigung ins Villnösser Tal. Durch das Tal bis nach St. Magdalena und weiter zum Talende bei der Zanser Alm. Großer, gebührenpflichtiger Parkplatz.

Der Weg: Am Parkplatz in Zans ist der Weg nach Tschantschenon ausgeschildert. Die Markierungsnummer ist die 6, die nur sehr dürftig da und dort zu sehen ist. Gemütlich geht es bis zur Tschantschenon-Alm und von dort steiler werdend immer über den Weg Nr. 6 hinauf zum Kreuzjoch. Vom Joch folgen wir dem Dolomiten-Höhenweg 2, die Wegmarkierung ist die Nr. 3, in nordöstliche Richtung leicht ansteigend zur Schlüterhütte. Dort beginnt der Abstieg zurück zum Ausgangspunkt. Über den Weg Nr. 32 geht es hinunter zur Kaserill-Alm und weiter bis zur Kirchwieslalm. Kurz nach der Alm gabeln sich die Wege, der linke Weg mit der Markierungsnummer 33 führt durch lichten Wald fast eben zurück zum Parkplatz in Zans. Insgesamt 4–4 ½ Stunden Gesamtgehzeit, 750 m Höhenunterschied im Aufstieg. Einfache Wanderung mit etwas steilerem Anstieg zum Kreuzjoch. Die Länge der Tour sollte nicht unterschätzt werden. Etwas Ausdauer ist angesagt, ebenso stabiles Wetter, das Kreuzjoch ist immerhin fast 2300 Meter hoch. Gutes Schuhwerk und die richtige Bekleidung werden vorausgesetzt.

DER VERHEXTE LARCH

Wir Menschen wollen alles „richten“, was zumeist mit dem „hinrichten“ endet ...

Die Burg Neurasen wurde im Jahre 1230 von Ulrich von Rasen erbaut, um sie in den kriegerischen Auseinandersetzungen zwischen dem Hochstift Brixen und Graf Albert III. dem Grafen entgegen zu stellen. Doch schon Ende des 13. Jahrhunderts wurde sie dem Verfall preisgegeben, bis im 14. Jahrhundert Bischof Albert von Enn den Burgfried dazubaute und die Burg instand setzte. Ihr heutiges Aussehen erhielt sie erst im späten 15. und Anfang des 16. Jahrhunderts, aber bereits im 17. Jahrhundert war die Burg nicht mehr bewohnt und verfiel neuerdings. In den Jahren 2000–2004 wurde die Ruine vorbildlich restauriert und Besuchern zugänglich gemacht.
Wann die uralte, verhexte Lärche ihr Leben in den Mauern der Burg begann, ist nirgendwo aufgeschrieben. Schlechte Strahlungen sollen dem Baum seine verkrüppelte Gestalt verliehen haben,

wobei es erstaunlich ist, dass sich ein Baum an so einem bescheidenen Platze überhaupt behaupten kann. Gezwungenermaßen musste er sich mit dieser kargen Umgebung zurechtfinden und so wie wir Menschen manchmal etwas seltsam werden, wenn uns das Leben einmal dorthin und dann wieder dahin wirft, so wird es wohl auch dieser Lärche ergangen sein, in ihrem Versuch zu überleben. Was ihr eigentlich recht gut gelungen ist, bis auch sie im Zuge der Renovierungsarbeiten „aufpoliert" wurde. „Aufpolieren" ist eine beliebte Südtiroler Tätigkeit; schönmachen, verbessern, neu „richten". Die Lärche, ein typischer Gebirgsbaum, der imstande ist in Lawinenschneisen zu überleben, ließ sich glücklicherweise von einer Motorsäge nicht aus der Ruhe bringen …

Anfahrt: Von Bozen oder vom Brenner kommend über die Brennerautobahn bis zur Ausfahrt Pustertal. Auf der Pustertaler Staatsstraße bis zur Abzweigung ins Antholzer Tal und weiter nach Oberrasen. Parkmöglichkeiten im Ortszentrum.

Der Weg: Ein Wegeschild bei der Kirche in Oberrasen mit dem Hinweis „Ruinenweg" weist die Richtung. Zuerst geht es durch die Ortschaft hindurch und hinauf zur Hauptstraße, die überquert wird. Auf der gegenüberliegenden Seite führt der Weg zuerst durch eine Häusergruppe und dann weiter über die Felder bis hinauf zum Waldrand (Jagdhaus) und weiter zum etwas versteckt gelegenen Burgfriedhof mit seiner kleinen Kapelle. Am Hof vorbei und immer entlang des gut beschilderten Ruinenweges wandert man bis zur Ruine Neurasen. Rückweg über denselben Weg, wiederum am Bauernhof vorbei abwärts, bis man bei der ersten Weggabelung (Jagdhaus) unterhalb des Hofes auf den Dorfrundweg trifft. Rechts Richtung Niederrasen abbiegen und über diesen Weg zuerst hinunter nach Niederrasen und dann zurück zum Ausgangspunkt wandern.
Insgesamt 2½–3 Stunden Gesamtgehzeit, 360 m Höhenunterschied im Aufstieg. Einfache, gut beschilderte Rundwanderung, die sich auch für Familien und als Halbtagesausflug eignet.

GEHEIMNISVOLLE PLÄTZE

DAS QUELLHEILIGTUM DREI BRUNNEN

Das ewige Eis schimmert von den Bergen und ewig fließt das Wasser im selben Kreislauf. Dass wir von der Ewigkeit rein gar nichts wissen, ist ein Glück für den Menschen, denn unser bescheidener Geist würde zerbrechen an dieser Unendlichkeit, die es vielleicht gar nicht gibt. In alle Ewigkeit …

Gerade unterhalb der großen Gletscher des Ortlermassivs befindet sich auf 1600 m Meereshöhe eines der bedeutendsten Quellheiligtümer der Alpen: Heilig Drei Brunnen bei Trafoi. Der Anstieg in diese wilde Gegend war vor dem Bau der Straße übers Stilfser Joch ein äußerst beschwerliches Unterfangen. Darum ist es umso erstaunlicher, dass dieses Quellheiligtum wahrscheinlich schon von keltischen Opferpriestern besucht wurde und es wird zudem vermutet, dass es hier eine Druidenschule gab. Die Druiden, eine kultische und geistige Elite, gehörten der keltischen Oberschicht an. Das Wasser spielte im Dasein des Menschen immer schon eine äußerst wichtige Rolle und daran hat sich bis heute nichts geändert. Wasser ist der Beginn allen Lebens. So beginnen auch fast alle Mythen der Schöpfung mit dem Entstehen des Lebens und der Erde aus dem Urwasser. Nach keltischer Überlieferung wurde das Boot unserer Ahnen mit dem Verstorbenen gegen Westen in die See gestoßen. So wie die Sonne im Westen verschwindet und im Osten wiederkommt, so glaubte man an die Wiedergeburt aus dem „Kindersee". Zudem wurde bei den Kelten der Lebensbaum verehrt, die „Weltesche Yggdrasil". Dieser Baum hatte drei Wurzeln und an jeder dieser Wurzeln entsprang ein Brunnen: „Drei Brunnen …"
Die Kulisse, die den Ort „Drei Brunnen" umgibt, ist wahrhaftig magisch und manchmal auch schon ein wenig gespenstisch. Drei Brunnen ist ein vielbesuchter Ort. Dort tummeln sich Wanderer,

Bergsteiger und allerlei Menschen, die abseits der vielbefahrenen Stilfser-Joch-Passstraße etwas Ruhe suchen. Wer sich aber die Zeit nimmt und am späten Nachmittag, kurz vor Sonnenuntergang, diesen Ort besucht, wird mit einem Hauch von Magie aus längst vergangenen Zeiten bedacht werden. Riesig steht der Ortler über dem Quellheiligtum, während die letzten Sonnenstrahlen über die weiten Gletscherflächen nach oben wandern. Kühl ist es hier und überall schießt Wasser aus den Felsen, stürzt sich über steile Wände oder findet als Quelle seinen Weg ins Leben. Der Abendwind, der von den weißen Gletscherflächen fällt, lässt den Wanderer frösteln. Wehmut macht sich breit und der Wunsch nach dem Etwas, das man nicht zu erklären weiß. Erst das helle Licht der warmen Gaststube verscheucht die Gedanken, die für kurze Zeit in einer anderen Welt weilten …
Heute steht in Drei Brunnen eine kleine Wallfahrtskirche aus dem 18. Jahrhundert. Daneben befinden sich die Mauerreste einer ehemaligen Einsiedlerhütte, in deren Nähe drei Statuen den Heiland, seine Mutter und den heiligen Johannes darstellen. Durch die Brust der drei Figuren führt je eine Eisenröhre, durch die Quellwasser in ein Becken fließt. Wie so oft hat auch hier der christliche Glauben ganz einfach die Führung übernommen …

Anfahrt: Von Meran oder vom Reschenpass kommend auf der Vinschgauer Staatsstraße bis nach Spondinig. Dort Richtung Stilfser Joch abzweigen und bis in die Ortschaft Trafoi, die an der Passstraße liegt, weiterfahren. Durch die Ortschaft durch und kurz weiter Richtung Stilfser Joch. Bei der Abzweigung nach Drei Brunnen weist ein Straßenschild den Weg. Links abbiegen und über eine schmale Straße bis zum Parkplatz.

Der Weg: Vom Parkplatz kurz der Naturstraße entlang bis zur Brücke über den Trafoier Bach. Hier öffnet sich dem Wanderer der Blick auf die sich auftürmenden Berge und die Wasserfälle. Als Alternative zur Anfahrt mit dem Auto kann von Trafoi nach Drei Brunnen gewandert werden. In Trafoi gibt es kurz vor dem Hotel Bella Vista, das direkt in einer Kehre liegt, einen großen Parkplatz (bergaufwärts linker Hand). Vom Parkplatz wandert man am Hotel vorbei zum Naturparkhaus und weiter auf dem Weg mit der Nr. 18, der bis nach Drei Brunnen führt. Hin und zurück ca. 1 ½ Stunden, Höhenunterschied 130 m.

DIE KLUMPERPLATTE

Um große Dinge in Bewegung zu versetzen braucht es manchmal nur winzig kleine Ansätze ...

Als „klumpern" wird im Dialekt ein tiefes, gleichmäßiges Geräusch bezeichnet. So erzeugt denn auch eine Klumperplatte oder ein Klumperstein einen tiefen, geheimnisvoll anmutenden Klang. Diese Steine könnten auch eine Art Trommel sein, ein altertümliches Instrument, das vielleicht den Schamanen durch ihren dumpfen, monotonen Klang das Erreichen der Trance ermöglichte. Klumperplatten sind tonnenschwere Felsblöcke, die durch Wippen in Bewegung gebracht werden können, was einen kräftigen Klang erzeugt. Die Klumperplatte bei Kastelbell ist ein mächtiger Felsblock, der auch als Hünengrab gedeutet wird. Die oberste kleine Steinplatte des Felsblocks kann bewegt werden, wobei ein dumpfes Dröhnen zu hören ist. Da der Grabcharakter der Hünengräber inzwischen umstritten ist, ordnet man sie den Megalithanlagen (griechisch mega = „groß" und lithos = „Stein") zu.

Der Vinschgauer Sonnenberg wird wieder einmal seinem Namen gerecht. Gleich schon zieht der Weg steil von Kastelbell hinauf, zuerst aber einmal und wie kann es anders sein, über Asphalt und Beton! Bald schon verschwindet der Weg zwischen den Weinpergeln um später durch die typische Laubwaldlandschaft des Sonnenberges anzusteigen. Dann verkriecht sich der Straßenlärm unten im Tal, die meisten Wanderer bevorzugen den Weg entlang des kühlen Latschanderwaales, während wir über einen in vergangenen Zeiten gepflasterten Weg unter dem wachsamen Auge der Sonne höher steigen. Die Landschaft, die uns umgibt, versetzt uns weit hinunter nach Süden, obwohl das ewige Eis von den gegenüberliegenden Gipfeln ins Tal blickt.
Eine alte Eiche streckt ihre dünnen Arme über dem Klumperstein aus, Ruhe und der Hauch von Geheimnis umgibt diesen Platz. Ich muss kein Held sein, um diesen Platz zu meiner letzten Ruhestätte zu machen ... Es bedarf ein klein wenig Geschick um den großen Stein in Schwingung zu versetzen, doch bald schon ertönt ein tiefes Geräusch, man kann es nach Belieben lauter werden lassen, ein Geräusch so monoton und geheimnisvoll, dass man gar nicht mehr lassen kann vom Klumperstein ...

Anfahrt: Von Meran oder vom Reschenpass kommend auf der Vinschgauer Staatsstraße bis nach Kastelbell. Parkmöglichkeit direkt in der Ortschaft.

Der Weg: Vom Ortszentrum zuerst hinauf zum weit sichtbaren Schloss Kastelbell. Direkt gegenüber vom Schloss steil aufwärts (Hinweisschilder nach Latsch, Markierung Nr. 8) über eine Teerstraße, die bald in einen betonierten Feldweg übergeht. Dort wo links der Waalweg nach Latsch abzweigt (Latschanderwaal) weiter gerade hinauf (schlechte Markierung). Diesem Weg, der gleich wieder besser markiert und mit der Nr. 8 gekennzeichnet ist, weiter aufwärts folgen bis man entlang eines Wirtschaftsweges zu einer Rechtskehre gelangt. Gleich nach der Kehre verschwindet der Weg wieder im Wald (immer Markierung 8). Hier wird der Weiterweg zum Klumperstein mit einem bescheidenen Holzschild angezeigt. Hin und zurück ca. 1–1 ½ Stunden, Höhenunterschied 190 m.

DAS HERRGÖTTL

Den einfachen Dingen, die uns im Alltag begegnen, einen Sinn und einen Wert geben zu können, so dass sie uns für immer zur Erinnerung werden, ist eine Kunst, die nur wenige Menschen beherrschen.

Das Herrgöttl ist eine kleine Wallfahrtsstätte, die im Franzosenkrieg von 1809 ein Unterschlupf für einen von den Franzosen verfolgten Mönch war. Eine kleine Einsiedelei also, gezwungenermaßen … Der geistliche Mann fand am Fuße des Rotsteinknotts, versteckt im dichten Wald, eine kleine Grotte, die herunter gefallene Felsblöcke gebildet hatten. Dort lebte er sicher vor seinen Verfolgern und wurde von den Bauern der Umgebung versorgt. Nach Beendigung des Krieges kehrte der Mönch in sein „übliches" Leben zurück, ließ aber ein kleines Holzkreuz in der Grotte zurück. Die Sage erzählt, dass der Lamenbauer das Kreuz herunter zu sich in die Stube brachte, es am nächsten Morgen jedoch nicht mehr vorfand. Es war wieder auf seinem alten Platz in der Grotte, wo man es immer noch sehen kann. Heute sind zwei Seitenwände der Grotte mit Brettern ausgeschlagen, darauf kleben unzählige Sterbebildchen. Wo der Name „Herrgöttl" hergekommen ist, weiß niemand zu berichten und nicht allzu viele Menschen kennen den Weg dorthin.
Damals, vor vielen Jahrzehnten, verbrachte ich die Sommerzeit dort oben am Berg bei meiner Großmutter. Ein kleines Gehöft, das am Steilhang klebte, war unser bescheidenes Zuhause. Doch meine kleine Welt war voller Geheimnisse und angefüllt mit Erleben. Meine Großmutter konnte die unwichtigsten Dinge, aber auch die Pflichtaufgaben eines kleinen Erdenbürgers so gestalten, dass sie zum unvergesslichen Ereignis wurden. Wenn wir zum Himbeerpflücken in den Bach hinunter stiegen, mussten wir unsere Hosen (man höre, meine Großmutter trug eine alte Trainingshose)

untenherum mit Spagat zubinden, um vor Schlangen gesichert zu sein. Riesige Schlangen mussten dort unten im Bach leben, wenn man solche Vorsichtsmaßnahmen treffen musste! Der Weg in den Dorfladen wurde zur Expedition, schnell musste man zum Einkauf eilen, um uns vor dem Hungertod zu bewahren und ich durfte im eigenen Rucksack 5 Kilo lebensrettendes Mehl nach Hause tragen. Der Gang zum Herrgöttl fand nur einmal jeden Sommer statt. Damals gab es noch keine Straßen in Vöran und wir mussten Proviant in den Rucksack packen, um den langen und steilen Aufstieg vom Gehöft meistern zu können. Eine Weile ging es auch eben dahin, dann erzählte meine Großmutter wahre Geschichten aus der Gegend. Sobald der steile Anstieg durch den Wald begann, wanderten wir schweigend weiter Richtung Rotsteinknott. Riesige Felsblöcke lagen im Wald, einst heruntergebrochen vom Knott und jetzt moosbewachsen und voller Geheimnisse. Der Gang zum Herrgöttl war ein Ausflug, keine Wallfahrt, und meine Großmutter wusste wohl, dass meine Gedanken mehr Wert hatten als ein hingesagtes Gebet. Ich war mir selbst überlassen, meinen Gedanken und meinen Vorstellungen von einer Welt, die eine gute war, denn sie war von meiner Großmutter zu einer guten gemacht worden.

Anfahrt: Mit dem Auto von Meran nach Hafling am Tschögglberg und weiter Richtung Vöran. Vor dem einzigen Tunnel auf der Strecke zwischen Hafling und Vöran gibt es rechter Hand eine gute Parkmöglichkeit.

Der Weg: Direkt gegenüber des Parkplatzes (Achtung beim Überqueren der Straße!) beginnt ein Waldweg (Nr. 12A – Beschilderung Hafling). Diesem Weg durch den Wald folgen, bis er sich mit einem markanten Hohlweg trifft. Kurz vor der Wegkreuzung ist rechter Hand eine kleine Gedenktafel für einen verunglückten Waldarbeiter an einem Baum angebracht. Vom markierten Weg scharf rechts abbiegen und über den Hohlweg, der weder beschildert ist noch eine Markierungsnummer hat, steil ansteigen. Kurz vor der Steilwand des Rotsteinknotts zweigt vom Hohlweg ein kleiner Steig nach links ab. Auf einem Baum findet sich wieder eine kleine Gedenktafel. Dieser Steig führt direkt zum etwas versteckten, aber nahe gelegenen Herrgöttl. Hin und zurück ca. 45 Minuten, Höhenunterschied ca. 100 m.

DIE GLETSCHERTÖPFE

Wir wissen nicht, wann wir diese Erde verlassen müssen und das ist gut so. Da es am Ende keinen Unterschied macht, ob wir schnell durch unser Leben geeilt oder langsam durch unser Dasein gewandert sind, sollten wir uns vielleicht an der Natur ein Beispiel nehmen, die sich langsam, aber stetig verändert.

Lange schon sind die riesigen Gletscher aus den Tälern weggeschmolzen und haben sich hoch hinauf in die Berge zurückgezogen. Und auch dort oben sind sie seit geraumer Zeit ihres Daseins nicht mehr sicher …

Bloß Fragmente sind zurückgeblieben aus den eisigen Zeiten, die nur der aufmerksame Beobachter zu Gesicht bekommt. Man muss nicht hinauf in die Berge steigen, um den Spuren der Eiszeit zu begegnen. Ein klein wenig unwirklich scheinen die Gletscherschliffe am Segenbühel oder am Tappeinerweg inmitten der Kurstadt Meran. Und im hinteren Passeiertal begegnen wir einem anderen Relikt aus der Zeit, als die Erde noch von Eis überzogen war. Insgesamt 15 Gletschertöpfe verschiedener Größen finden sich am Hang verteilt unterhalb der Ortschaft Platt im Hinterpasseier. Die Gletschertöpfe stammen aus der Eiszeit und entstanden durch Schmelzwasser, das sich seinen Weg durch das Eis hinunter zum Gletscherbett suchte. Der Abfluss des Wassers erfolgt durch Gletschermühlen (Gletschermühlen sind zylindrische Hohlformen im Gletschereis, die durch das abfließende Schmelzwasser geschaffen werden) und bildete am Auftreffpunkt einen Wirbel. In diesem Wirbel herrschten Fließgeschwindigkeiten von bis zu 200 km/h und zudem wurde im Zentrum des Wirbels ein hoher Druck erzeugt. Die Haupterosionsarbeit, das Aushöhlen des Felsenbettes also, leisteten der mitgeführte Sand sowie Kiespartikel. Die Gletschertöpfe, Produkte der eiszeitlichen Gletschermühlen, finden sich in allen Gebieten der ehemaligen Vereisungen, wobei es in Finnland Gletschertöpfe mit Tiefen bis zu 15 Metern gibt. Hinterlassen hat uns die Eiszeit auch diese fruchtbare Landschaft im Passeiertal, durch die wir hinuntersteigen, um auf einen Zeugen aus grauen Vorzeiten zu treffen.

Anfahrt: Mit dem Auto von Meran oder über den Jaufenpass nach St. Leonhard in Passeier und weiter auf der Straße Richtung Timmelsjoch. In der Ortschaft Moos der Beschilderung nach Pfelders folgen. Die erste Ortschaft nach Moos ist Platt. In der großen Rechtskehre geradeaus und ein kurzes Stück Richtung Breiteben (Straßenschild) weiterfahren. Parkmöglichkeit bei einer kleinen Kapelle auf der rechten Seite der Straße. Oder mit dem Linienbus der SAD nach Platt und von Platt zu Fuß bis zur Kapelle.

Der Weg: Direkt gegenüber der Kapelle ist der Weg zur Gletschermühle beschildert (Wegmarkierung Nr. 5). Der Anmarschweg ist nicht besonders lang, aber relativ steil. Kurz vor Erreichen der Gletschermühle, in einer Waldlichtung, gibt es einen Tisch und eine Bank, die man für den Verzehr der mitgebrachten Jause nutzen sollte. Wer Ruhe sucht hat sie hier gefunden! Hin und zurück ca. 25 Minuten. 50 m Höhenunterschied im Abstieg, die man auch wieder hochsteigen muss!
Wandervorschlag: Von der Ortschaft Moos (Anfahrt siehe oben) hinunter wandern bis zur Brücke über die Passer. Gleich nach der Brücke links auf den Forstweg abbiegen, Richtung Fluss weitergehen. Nach kurzer Zeit wird die Aussichtsbrücke am Stieber Wasserfall erreicht. Weiter über denselben Weg zum Gasthaus Bad Sand um dort auf den Weg Nr. 5 abzuzweigen, der dann zur Gletschermühle führt. Von der Gletschermühle das erste Stück über denselben Weg bis zur schmalen Teerstraße aufsteigen und über diese zurück nach Platt (Markierung Nr. 6). Von Platt über den Fitnessweg zurück nach Moos. 2 ½ bis 3 Stunden Gesamtgehzeit, 360 m Höhenunterschied. Einfache Rundwanderung.

TIPP

Gasthof Platterwirt

Der alte, ruhig gelegene Dorfgasthof der Familie Hofer – im Ortskern von Platt – ist Garantie für Gemütlichkeit und traditionelle Küche. Das Fleisch aus dem Tal liefert der Dorfmetzger, ebenso wie im Herbst das Wildbret. Bequem eingerichtete Zimmer, Parkplatz, Kinderspielplatz, traumhafter Blick auf die 3000er der nahegelegenen Ötztaler Alpen und idealer Ausgangspunkt für eine Wanderung zu den Gletschertöpfen.

I-39013 Platt in Passeier
Tel. +39 0473 649008
platterwirt@dnet.it
www.platterwirt.com

DIE URLÄRCHEN

Was sind schon die paar Jahre die wir so stolz zählen, um sie am Ende zu einem Menschenleben zusammenzurechnen …

Wenig Uriges gibt es in Südtirol zu entdecken, sieht man einmal vom sonntäglichen, „urigen" Ziehharmonika-Spieler droben auf der Alm oder von der urigen, nachgebauten Bauernstube im nahen Buschenschank ab! Trotzdem, das Ultental hat sich noch etwas Uriges erhalten, davon kann man Kenntnis nehmen wenn man durch das Tal und an sein Ende fährt. Dass dort auch noch drei stämmige Burschen stehen, denen Wind und Wetter über einen, für uns kurzlebige Erdenwinzlinge unwahrscheinlich langen Zeitraum nichts anhaben konnten. Die tiefwurzelnde Lärche lässt sich auch von der „Lahn" (Lawine) nicht so leicht aus der Ruhe bringen. Der Blitz ist ihr Feind, so erzählt man sich wenigstens, aber man erzählt sich so vieles… Im Herbst verfärben sich die Nadeln der Lärche, eine altbekannte Geschichte, die ich hier anführen möchte, da ich mehr als einmal einen entsetzten „waldsterbenden" Touristen unter einer Lärche in Herbststimmung vorgefunden habe. Nackt geht die Lärche durch den Winter, um im Frühjahr mit zartgrünem Austrieb und roten Zapfblüten neu ins Leben zu treten. Die drei Urlärchen bei St. Gertraud im hintersten Ultental auf 1430 m Meereshöhe gelegen, haben viel und viele im Tale kommen und gehen gesehen. Anscheinend hat man bei einer im Jahre 1930 umgestürzten Lärche an die 2000 Jahresringe gezählt. Ein stattliches Alter hat man den ältesten Nadelbäumen Europas zugestanden, aber nur so lange bis sich die Wissenschaften mit diesen Naturburschen näher befasste. Eine im Jahre 2004 an der Universität Innsbruck verfasste Diplomarbeit korrigierte das

Alter der Lärchen auf etwa 850 Jahre. Ach, wenn nur die Wissenschaftler ein etwas längeres Dasein zur Verfügung hätten, der Menschheit würden gar so viele Dinge eröffnet! Alter hin und her, einen Besuch ist dieses Naturdenkmal auf alle Fälle wert. Ein kurzer Ausflug nur von St. Gertraud, doch wer sich von den dicken Ästen dieser drei zähen Herren, die beharrlich an ihrem Dasein festhalten, umschlingen lässt, der wird aus dem leisen Säuseln des Windes Geschichten heraushören, von denen wir Erdenwinzlinge keine Ahnung hatten.

Anfahrt: Mit dem Auto von Meran nach Oberlana, um dort der Beschilderung ins Ultental zu folgen. Durch das ganze Tal hindurch bis kurz vor der im Talschluss gelegenen Ortschaft St. Gertraud. Parkplatz beim Naturparkhaus nach dem Gasthof Edelweiß.

Der Weg: Direkt vom Gasthof Edelweiß kurz aufwärts Richtung St. Gertraud, um gleich links in den Ultner Höfeweg einzubiegen und Tal auswärts bis zu den Urlärchen weiterzuwandern. Zurück über denselben Weg. Ca. 50 Minuten, 60 m Höhenunterschied.

TIPP

Jausenstation-Pizzeria Lärchengarten

Direkt an den Urlärchen und am Ultner Höfeweg liegt das Gasthaus Lärchengarten. Mittags werden leckere Gerichte, vorwiegend aus Naturprodukten, serviert wie z. B. Kartoffelteigtaschen mit wildem Spinat oder Brennnessel-Nocken. Ab 17.30 Uhr kann man eine Pizza auf der Terrasse bei Sonnenuntergang genießen.

I-39016 St. Gertraud/Ulten
Tel. +39 0473 798011
Mobil +39 347 7310764
Dienstag Ruhetag

CASTELFEDER

Immer schon wanderte der Mensch dorthin, wo er das Unbekannte zu finden glaubte. An den Orten, die den Menschen klein erscheinen ließen, traf er sich mit den Göttern. Was hat sich geändert im Fluss der Jahrtausende?

Die breite Kuppe von Castelfeder, deren höchster Punkt auf 409 Metern über dem Meeresspiegle liegt, kann auf eine bewegte Geschichte zurückblicken. Zu den wichtigsten archäologischen Funden gehören Urnengräber mit Grabbeigaben aus dem zweiten Jahrtausend v. Chr. Zudem konnten auf Castelfeder Brandopferplätze nachgewiesen werden. Die byzantinische Festung zum Schutz gegen die Germanen wurde um 500 errichtet. Reste der 500 Meter langen Mauer, die sogenannten „Kuchelen" sind heute noch zu sehen. Aus karolingischer oder spätestens ottonischer Zeit finden sich wieder Spuren menschlicher Tätigkeit auf der „Oberburg". Die zum Teil verfallene byzantinische Befestigung wurde erneuert oder auch gänzlich ersetzt. Diese zweite Befestigung von Castelfeder hinterließ ebenfalls Fundstücke, wie zum Beispiel eine Scheibenfibel (Gewandspange zum Zusammenhalten der Kleidung) oder einen fragmentierten Stachelsporn. Die Dauer der Benützung dieser Befestigung ist unbekannt. Unklar ist zudem die Datierung der Grundrisse von mehr als 160 Gebäuden, während die weithin sichtbare Ruine der Barbara-Kapelle dem 6. Jahrhundert zugeordnet wird.

Heute ist Castelfeder von Lärm umgeben. Im Tal drunten die nie verstummende Autobahn, auf der Höhe des Hügels die vielbefahrene Straße ins Fleimstal. Egal von wo man anreist, schon aus der Ferne kann man erkennen, dass Castelfeder ein Ort voller Geheimnisse ist, ein Ort an dem wir vielleicht das finden können wonach wir suchen. Und gerade deshalb ist der Lärm, der uns anfangs bis hin zum Hügel von Castelfeder folgt, ein unerwünschter Begleiter, den wir mit hastendem Schritt abzuschütteln versuchen. Fast schon ein wenig widerwillig steigen wir zur Kuppe hinauf, zu diesem kargen Platz mit seinen urigen Eichen, wo gerade genug Gras für die allesfressenden Ziegen wächst. Doch plötzlich verschwindet der Weg hinter einer Kuppe, ganz unerwartet ist die Ruhe da und man begreift, warum man nach Castelfeder gewandert ist. Verschlungen und verwirrend sind die Wege, die den Hügel umrunden und uns immer wieder neue Perspektiven eröffnen. Weit hinunter ins Tal reicht der Blick, hinaus über die Salurner Klause bis ins „Italienische". Abends sollten wir hier her kommen oder früh am Morgen, wo noch oder schon wieder Ruhe herrscht in der Umgebung. Ganz vorne, am Rande des Hügels, am Abbruch ins Etschtal, muss man sich hinsetzen, die Landschaft einatmen, die Geschichten und die vielen Geheimnisse, die Castelfeder umgeben. Heute ist der Hügel von Castelfeder zum Glück ein geschütztes Biotop.

Anfahrt: Von Bozen oder von Süden kommend über die Brennerautobahn bis zur Ausfahrt Neumarkt/Auer. Weiter bis kurz vor Auer und der Beschilderung ins Fleimstal folgen. Beim Sportplatz in der dritten Kehre gibt es auf beiden Seiten der Straße genügend Parkmöglichkeiten.

Der Weg: Beim Parkplatz direkt vor dem Sportplatz ist der Weg nach Castelfeder ausgeschildert. Man steigt kurz bis zum Langen See ab, wo man auf den Naturlehrpfad Castelfeder trifft. Diesem Weg, der die Geschichte und die Landschaft von Castelfeder auf Informationstafeln aufarbeitet, folgt man bis zur Oberburg, 409 m, die auf dem höchsten Punkt des Hügels steht. Der Abstieg von der Kuppe ist ausgeschildert. Vorbei am Wurmsee geht es schließlich zurück zum Langen See und zum Ausgangspunkt der Wanderung. Für die Rundwanderung benötigt man ungefähr 1 Stunde, wobei es einen Höhenunterschied ca. 100 m zu überwinden gilt. Auf Castelfeder gibt es viele schmale Wege, die unter anderem zu den Kuchelen und zur Fruchtbarkeitsrutsche führen. Auf Castelfeder muss man sich das nehmen, was wir nicht zu haben glauben, nämlich Zeit.

DER REGENSTEIN

Um Berge zu versetzen braucht es keine Planierraupen, sondern einzig und alleine die Kraft unseres Geistes. Wir aber haben das „Zulassen" lange schon verlernt …

Wieder einmal treffen wir auf ein windschiefes Schild, das den Regenstein als Naturdenkmal ausweist. Wie wir schon wissen, sind windschiefe und vernachlässigte Schilder ein sicherer „südtiroler" Hinweis für etwas Besonderes. Nicht anders verhält es sich mit dem Regenstein. Staunend habe ich lange Zeit auf das Wasser geblickt, das aus dem Nichts auftaucht, dann von moosbewachsenen Wänden verschluckt wird und später über einen Überhang nach unten stürzt. Obwohl der Regenstein direkt an der Straße liegt, umfängt er den Besucher mit einer Atmosphäre von Mystik und Magie, die imstande ist den Straßenlärm ganz einfach aufzusaugen. In der Sprache der Wissenschaftler gibt es keine Magie, der Regenstein wird ganz einfach als Kalktuffquelle bezeichnet. „Diese Quellen sind reich an gelösten Kalken, haben eine bescheidene Ausdehnung, zudem eine räumlich begrenzte Ausbildung in denen eine nicht besonders spektakuläre Bildung von Tuff stattfindet und führen konstant Wasser". Nachdem wir den Wissenschaftler zu

Wort kommen ließen wollen wir noch ein klein wenig den Sagen zuhören, die uns von einer weinenden Prinzessin erzählen, die im Regenstein eingeschlossen sein soll. Sie erscheint einmal alle hundert Jahre um erlöst zu werden; dafür wird sie ihren Retter reich belohnen. Im Jahre 1950 wurden bei Aushubarbeiten in der Nähe des Regensteins hunderte Venezianer, Veroneser und Trientner Münzen aus der Zeit um 1200 entdeckt. Vielleicht lebt die Prinzessin gar nicht mehr im Regenstein und die Wissenschaft hat wieder einmal recht? Warum fahren wir nicht einfach hin zum Regenstein und nehmen das kostbarste Gut das wir momentan besitzen mit; Zeit, um dort zu verweilen, den fallenden Tropfen zuzuschauen, die monoton, unaufhörlich und unaufhaltsam nach unten fallen. Ein nimmer endendes Schauspiel, dem nur die Eiseskälte des Winters Einhalt gebieten kann.

Anfahrt: Von Bozen oder von Süden kommend über die Brennerautobahn bis zur Ausfahrt Neumarkt/Auer. Der Beschilderung nach Kurtatsch folgen und weiter über die alte Landstraße Richtung Margreid. Kurz vor der Ortschaft, rechter Hand direkt an der Straße liegt der Regenstein. Begrenzte Parkmöglichkeiten direkt neben der Straße.

TIPP

Weinschenke Vineria Paradeis
Hier kann man die Weine der Tenutæ Lageder aus biodynamischem Anbau und Alois Lageder verkosten und kaufen, aber auch im idyllischen Innenhof oder am gemütlichen Kamin zu Mittag speisen. Donnerstags werden Führungen durch das Weingut geboten, die langen Donnerstage (bis 23 Uhr) warten im Herbst mit einem reichhaltigen Programm auf. Auf keinen Fall sollte man sich die Gartenführungen entgehen lassen!

St.-Gertraud-Platz 5
I-39040 Margreid
Tel. +39 0471 809580
paradeis@aloislageder.eu
www.aloislageder.eu

DER JOHANNESKOFEL

Düster ist es in der tiefen Schlucht, beklemmend das Tosen des Wildwassers und trotzdem ist es dem Menschen Lebenselixier. Hoch oben am Felsen wähnt der Mensch die Freiheit, denn Wind und Sonne sind seine Begleiter und vertreiben die Geister. Doch der Sturz vom Felsen muss wohl in der Finsternis enden. Nun sag mir Wanderer, wo endet das Böse und wo beginnt das Gute?

Der Johanneskofel, ein äußerst markanter Monolith, ragt 230 m aus der Sarner Schlucht in die Höhe. Seinen Namen hat er von der heute auf der Spitze stehenden St.-Johannes-Kapelle. Die Geschichte des Felsens reicht weit zurück; Grabungen brachten bedeutende Fundstücke aus dem Neolithikum (4. und 3. Jahrtausend v. Chr.) ans Tageslicht. Auf dem Felsenturm finden sich zudem die Überreste einer alten Burganlage. Vermutlich ist auf dem Johanneskofel der Sitz der erstmals 1174 genannten Herren von Wangen zu suchen. Wahrscheinlich steht die heutige, gotische St.-Johannes-Kapelle an der Stelle der alten Burgkapelle.

Der Kofel ist wahrlich ein mystischer Ort. Die ersten Meter durch die dunklen Tunnels der Sarner Straße bis zum Beginn des Weges sind allerdings alles andere als läuternd...
Hat man jedoch erst einmal den schmalen Pfad erreicht und die Sarner Schlucht auf einer schwankenden Hängebrücke gequert, verändert sich die Welt sehr schnell. Der Weg zur Spitze ist steil und beschwerlich, die Landschaft nimmt sich plötzlich südländisch aus, das eintönige Zirpen der Zikaden begleitet den Wanderer. Bald schon weicht der Eichenwald und gibt den Blick frei, die Sonne scheint den Wanderer zu quälen. Und doch sind es diese alten, steilen Plattenwege, das eintönige Gebet der Zikaden, das stete, monotone Steigen, das den Geist trotz aller Mühen frei werden lässt. Egal an was wir glauben, das „om mani peme hung", das älteste und bis heute beliebteste Mantra des tibetischen Buddhismus soll uns hier begleiten. Der Weg zur Spitze ist weder eine Bergtour noch eine lange Wanderung, eher eine Reise in unser Inneres, ein kurzes Erleben von absoluter Ruhe in der Nähe einer vielbefahrenen Straße, verbunden mit einer Rast an dem Punkt, an dem es kein Weiter mehr gibt. Om mani peme hung ...
Mantras sind Silben- bzw. Lautformeln, die während ihrer andauernden Wiederholung eine psychisch-energetische Wirkung auf den Praktizierenden ausüben sollen. Mantras können entweder sprechend, flüsternd, singend oder in Gedanken rezitiert werden. Ihre Rezitation ist im tibetischen Buddhismus ein Mittel das zur geistigen Reifung führt. Das „Om mani peme hung" birgt das allumfassende Mitgefühl für jedes einzelne Wesen.

Anfahrt: Mit dem Auto oder dem Linienbus ins Sarntal bis zum 13. Tunnel (Bedarfshaltestelle). Begrenzter Parkplatz beim 15. Tunnel taleinwärts links.

Der Weg: Direkt gegenüber der Bedarfshaltestelle, 470 m, zwischen dem 12. und 13. Tunnel, beginnt der beschilderte Weg zum Johanniskofel, 657 m. Kurz vor dem Steinmannhof (Einkehrmöglichkeit) erreicht man einen Sattel, wo der Weg nach links über Felsstufen zum höchsten Punkt führt. Hin und zurück ca. 1 ¼ Stunde, Höhenunterschied 190 m.

TIPP

Naturidylle Geyrerhof®
Oase der Ruhe für Naturliebhaber und Genießer, ein Gehöft aus dem 17. Jahrhundert. Heute ein rustikaler, komfortabler und gemütlicher Südtiroler Betrieb. Hotel und Restaurant, die meisten Produkte und Zutaten für die Küche liefert der liebevoll bewirtschaftete Hof mit dem schönsten Aussichtspunkt Oberbozens! Im Sommer die Landschaft durchstreifen auf über 360 km Wanderwegen oder im Winter aufs nahe Rittnerhorn zum Skilaufen.
Tipp: Wildtiere vor Ort beobachten.

I-39059 Oberbozen/Ritten
Tel. +39 0471 345370
info@geyrerhof.com
www.naturidylle.com

DAS BURGSTALLECK

Was wir möchten und was uns gut tut, sind manchmal zwei verschiedene Welten. Wir möchten das bunte Treiben, während uns die Stille gut tut.

Im kleinen Weiler Gaid, einer Bergfraktion der Gemeinde Eppan, endet die Straße. Ungefähr 11 Kilometer lang ist die abenteuerliche Anfahrt von Eppan über Perdonig, um in diese so andere Welt zu gelangen. Ein paar Kilometer, die ausreichen, um dem Rummel der Weinstraße und des Kalterer Sees kompromisslos zu entkommen. Doch lassen Sie sich von der kurzen Distanz nicht allzu sehr täuschen. Nach Perdonig wird die Straße eng und kurvenreich. Wer in Gaid und Umgebung lebt, fährt sein Auto im temperamentvollen Still über das Sträßchen, immer davon ausgehend, dass sich eh keiner in diese Gegend verirren wird …
Trotzdem, die Reise zahlt sich aus. Im Weiler selbst gibt es nur ein paar Häuser und ein kleine Kirche, die geduckt unter der Steilwand des Gantkofels am Hang kleben. Das Burgstalleck selbst sollte eigentlich eine Geschichte haben. Eine Burg sollte dort oben stehen, zu mindestens eine Burgruine die das Etschtal überblickt. Doch hier gibt es nichts als endlose Ruhe. Der Weg führt über eine Lichtung hinein in den Wald und hinunter in eine Senke. Ein Platz, der so geheimnisvoll wirkt, dass man nicht umhin kommt, diesen Ort an mondklaren Nächten mit guten Geistern bevölkert zu sehen. Ein kurzer Gegenanstieg und der Felsabbruch des Burgstallecks ist erreicht. Darunter breitet sich das Etschtal aus; der Blick reicht im Westen über Meran auf die Texelgruppe und im Osten bis hinein in die Dolomiten. Das nie endende, ferne Geräusch aus dem vielbefahrenen Talkessel macht die Ruhe am Burgstalleck fast schon unerträglich. Eine hölzerne Bank lädt zum Verweilen ein, zum Nachdenken, zum Lesen oder einfach nur zum Dasitzen in dieser kompletten Einsamkeit so nahe am Touristentreiben. Hier oben gibt es neben der Ruhe zwei Welten zu entdecken. Wenn man sehr früh am Morgen zum Burgstalleck wandert, um den Lauf der Sonne zu beobachten, so werden sich zuerst die Gipfel der Texelgruppe oberhalb von Meran verfärben. Wenn man jedoch am Abend am Burgstalleck seinen Gedanken nachhängt, so wird an manchen Tagen das Alpenglühen den Rosengarten in ein Farbenmeer tauchen, das die ferne Welt der bleichen Berge unwirklich erscheinen lässt. Wer einen Augenblick voller Sehnsucht und Wehmut erfahren möchte, der muss im Herbst

die Abenddämmerung am Burgstalleck suchen. Da streicht ein leichter Wind durch das Etschtal und die Farben drunten in den Obstwiesen vermischen sich mit dem Sonnenuntergang in den Dolomiten. Man muss zur rechten Zeit am Burgstalleck sein, denn der Herbst gewährt dem Betrachter nur flüchtige Momente …

Anfahrt: Mit dem Auto ins Dorfzentrum von Eppan und weiter der Straßenbeschilderung nach Perdonig folgen. Von Perdonig aus geht's weiter nach Gaid. Im Weiler selbst vorbei an der Kirche, bis kleine Holzschilder die Richtung zum „Tinnerhof" weisen. Bald schon geht die geteerte Straße in eine Naturstraße über. Dort gibt es mehrere Möglichkeiten den Wagen zu parken.

Der Weg: Man folgt der Naturstraße bis rechts ein schmaler Waldweg abbiegt. Wegweiser „Burgstalleck" und Wegmarkierung BE. Vom Beginn des Waldweges hin und zurück ca. ½ Stunde. Der Höhenunterschied ist unbedeutend. In der Gegend um Gaid gibt es zudem reichlich Gelegenheiten den Tag wandernd zu verbringen.

TIPP

Jausenstation Moarhof

Hier wird die einfache, unverfälschte Tiroler Kost kredenzt. Gemüse, Milch und Eier liefert der Moarhof, ein Bau aus dem 13. Jahrhundert. Das gut gefütterte Schwein durchlebt glückliche Tage, bis es schlussendlich fein gewürzt in der hofeigenen Selchkammer endet… In der gemütlichen Holzstube oder vor dem Haus sitzen, die Stille und das Panorama bei einem Glas Wein genießen.

I-39057 Eppan
Tel. +39 0471 660035
Ostern bis Mitte Juni/Mitte Juli bis Allerheiligen, Do Ruhetag

AM JAUFENKAMM

Die Wahrheit ist, was der Mensch als Wahrheit sehen will.

Am Jaufenkamm „gehen" Dinge vor sich. Das Wetter teilt sich dort in Gut und Böse, der Schnee bleibt gerne auf der „anderen" Seite liegen, was die Menschen auf der gegenüberliegenden Seite neidisch auf dieses Weiß blicken lässt. Der Blick reicht vom Jaufenkamm weit nach Norden, auf die Stubaier- und die Zillertaler Alpen, während im Süden das Auge uneingeschränkt über Meran blicken kann. Gerade deshalb hatte das „Pfeifer Huisele" den Jaufenkamm als liebsten Platz für seine Zaubereien auserkoren. Das „Pfeifer Huisele" bewohnte ein Häuschen hoch oben auf dem Berg, wo die Wiesen steil und mager waren. Aber das Huisele brachte sich dennoch gut durch die Welt, denn es hatte nämlich mit dem Schwarzen einen Pakt geschlossen, wusste allerlei Künste und konnte sich verwandeln, wie es wollte. Kein anderer Platz eignete sich besser als der Jaufenkamm, um böse Wetter zu brauen und gegen Nord und Süd über die Täler zu schicken!
Eine Vielzahl von Sagen rankt sich um das „Pfeifer Huisele" das im 17. Jahrhundert als Matthäus Hänsele wirklich gelebt hat. Als Kind armer Bauersleute wuchs er in Elend und Not auf, stahl schon als Kind, war ein nichtsnutziger, fluchender Knabe, der früh den Teufel im Munde führ-

te, später dann ein arbeitsscheuer und dem Trinken zugetaner Bauernknecht. Das Huisele war jedoch ein kluger Kopf und auch voller Witz. Alles in allem war er ein origineller, manchmal helfender, aber auch boshafter Herumtreiber, der zwangsläufig die Augen der damaligen Obrigkeit auf sich lenkte. Beim wohl bekanntesten Hexenmeister Tirols, dem „Lauterfresser", welcher 1645 grausam zu Tode befördert wurde, soll er sich seine Künste angeeignet haben. Den „Pfeifer Huisele" ereilte schließlich dasselbe Schicksal; er wurde am 14. November 1680 in Meran als Zauberer hingerichtet.

Wer hinauf wandert von der Flecknerhütte zum Wetterkreuz am Jaufenkamm und seinen Blick sowohl nach Norden als auch nach Süden über die wilde Berglandschaft schweifen lässt, mag wohl verstehen, warum sich das Huisele diese Stelle für seine Zaubereien ausgesucht haben soll. Am Abend sollte man hierherkommen, wenn die Sonne im Westen hinter den Gletscherflächen der Ötztaler- und Stubaier Alpen verschwindet, um sich dem Zauber einer Landschaft voller Magie hinzugeben. Am Rückweg mag man dann in der Hütte einkehren, um bei einem Gläschen Schnaps die Geister zu vertreiben …

Anfahrt: Mit dem Auto von Meran durch das Passeiertal oder von Norden über Sterzing auf den Jaufenpass bis zur sogenannten Römerkehre, die sich kurz unterhalb der Passhöhe auf der Passeirer Seite befindet. Direkt in der Kehre abbiegen und über einen Schotterweg bis zu einem großen Parkplatz.

Der Weg: Vom Parkplatz über den Weg Nr. 12A zur Flecknerhütte und weiter über den sogenannten Urweg Jaufenkamm (ebenfalls Markierung 12A) bis zum Wetterkreuz. Hin und zurück ca. 1 Stunde. 100 m Höhenunterschied.

Wandervorschlag: Vom Wetterkreuz dem Weg 12A zum Glaitner Joch folgen und von dort auf dem Weg Nr. 12 über den Gipfel des Fleckner Richtung Flecknerhütte zurückwandern. Bei der darauffolgenden Wegkreuzung auf den Weg Nr. 12B abzweigen und so zurück zur Hütte. Hin und zurück 2½–3 Stunden, 400 m Höhenunterschied. Einfache Höhenwanderung, die gutes Schuhwerk und die richtige Bekleidung voraussetzt. Gutes Wetter ist auf einer Kammwanderung immer anzuraten (bei Gewitter große Blitzschlaggefahr!).

TIPP

Die Flecknerhütte

Eine urige, jüngst renovierte Almhütte auf 2100 m, die sich in den Sommermonaten neben einer Jausenstation auch in eine richtige Almwirtschaft verwandelt. Übernachten in einem der heimeligen Zimmer und vor dem Zubettgehen die Fernsicht genießen ist eine Sache, das Frühstück am darauf folgenden Morgen mit Produkten aus der eigenen Landwirtschaft eine ganz andere! Und richtig gemütlich wird es hier im Winter. Skianschnallen vor der Haustür ist angesagt!

Walten 94
I-39015 St. Leonhard
Tel. +39 340 3805160
info@flecknerhuette.bz
www.flecknerhuette.bz

DER ÜBELTALFERNER

Manchmal sind wir fest davon überzeugt, dass wir die Natur im Griff haben. Aber nur so lange, bis sie uns wieder einmal ganz unerwartet in die Schranken verweist!

Man möchte gar meinen, dass sich der größte Gletscher Südtirols in der allbekannten Ortlergruppe befindet und nicht irgendwo in den Stubaier Alpen! Der Übeltalferner, der auf der Südtiroler Seite dieses Gebirgszuges liegt und sich weit hinunter gegen das Ridnauntal erstreckt, ist mit 7,5 km² die größte Eisfläche des Landes und zugleich auch der Stubaier Alpen, wobei er seinen höchsten Stand und das größte Volumen um das Jahr 1850 erreicht hat. Unzählige Seen, die heute beliebte Wanderziele geworden sind, umgeben die verbleibenden Eismassen und obwohl auch hier die wärmer werdende Welt konstant am Eis nagt, ist der Übeltalferner immer noch ein sehr beeindruckender Anblick. Hinauf wandern zum Gletscher wollen wir nicht, denn das ist ein langes, alpines Unterfangen, aber hinein Richtung Aglsboden, wo es eine alte Sperre aus dem Jahre 1868 gibt. Gleich wie im Martelltal bildete die damals riesige Gletscherzunge immer wieder unberechenbare Gletscherseen, die unvermutet ausbrachen und das Tal verwüsteten, wobei immer wieder Menschen ums Leben kamen. Wie groß das Problem war zeigt allein schon die Tatsache, dass bereits im Jahre 1745 ein erster Schutzbau errichtet worden ist. Doch auch dieser konnte nicht verhindern, dass 1868 das Ridnauntal bis hinaus nach Sterzing überflutet wurde, als der Eissee des Übeltalferners wieder unvermittelt ausbrach. Diese Katastrophe war der Anlass dafür, dass eine neue Sperre am Aglsboden gebaut wurde, die bis heute Bestand hat. Die Gefahr eines See-Ausbruches ist derzeit zwar weitgehend gebannt, trotzdem wüten im Land immer wieder einmal die nach einem Unwetter unheimlich schnell anschwellenden Gebirgsbäche und im hintersten Ridnauntal erhalten sie zusätzliches Wasser vom Übeltalferner. Die alte Sperre, an der der Zahn der Zeit beträchtliche Spuren hinterlassen hatte, wurde vor nicht allzu langer Zeit saniert, und, man höre und staune, sie wurde nicht durch ein modernes Betonmonster ersetzt, sondern vom Amt für Wildbachverbauung liebevoll erhalten, damit sie weiterhin ihre Schutzfunktion ausüben kann! Das Inner-Ridnaun ist eine urige Gegend und alleine schon das Schaubergwerk im Weiler Maiern ist einen Besuch wert, der mit der kurzen Wanderung zum Aglsboden verbunden werden kann. Natürlich führt eine Schotterstraße zur Aglsbodenalm, denn ohne Straße kann der Tiroler nicht sein, trotzdem hat sich die Gegend eine urtümliche und fast schon ein wenig schaurige Stimmung bewahren können …

Anfahrt: Über die Brennerautobahn bis zur Ausfahrt in Sterzing. Der Straßenbeschilderung nach Ridnaun folgen und weiter bis nach Maiern, der ehemaligen Bergleutesiedlung. Genügend Parkplatz beim Schaubergwerk Maiern.

Der Weg: Vom Parkplatz beim Schaubergwerk dem Weg Nr. 9, der zuerst etwas steiler durch den Wald führt, Tal einwärts folgen, bis er unterhalb der gut sichtbaren Sperre auf die Schotterstraße trifft. Hin und zurück ca. 2 Stunden, Höhenunterschied 320 m. Von der Sperre empfiehlt sich der Weiterweg über den Aglsboden zur Aglsbodenalm, 1723 m, ca. 20 Minuten, fast eben.

DIE KAPELLE ZUR HEILIGEN BARBARA

Aus der Natur kommen wir und in die Natur kehren wir alle einmal zurück. So frage ich mich warum es so schwer ist die Natur zu erhalten …

Unten im Tal quält sich der Verkehr zielbewusst nach Corvara oder St. Kassian. Dort muss man hin, dort spielt sich das „Dolomitenleben" ab. Gut so, denn die Eile, die die Fahrt mit dem Benzingefährt mit sich bringt, lässt die Wagenkolonnen an der kleinen Ortschaft Wengen vorbeiziehen. Noch vor wenigen Jahrzehnten war Wengen ein äußerst abgelegener Ort, der kaum auf einer Karte zu finden und bis Anfang 1960 nur mit dem Geländefahrzeug erreichbar war. Die Gegend, die vom mächtigen Kreuzkofelmassiv überragt wird, hat viel von ihrem ursprünglichen Charakter erhalten können. Wenn man durch die Ortschaft hindurch Richtung Runch fährt, so sieht man schon bald die Kapelle zur heiligen Barbara, die einsam auf einem Hügel etwas oberhalb von Wengen steht. Die hl. Barbara ist die Schutzpatronin der Bergleute und es wird vermutet, dass die Kapelle im Jahre 1490 von Bergknappen, welche im Valparola-Tal das am Monte Pore gewonnene Eisen verhüttet haben, erbaut wurde. Die Kapelle steht an einem Platz, der die ganze Schönheit und Mystik einer ursprünglichen Dolomitenlandschaft zusammenfasst. Schon die kurze Wanderung hin zur Kapelle, vorbei an den alten Gehöften des Gadertales und der einstigen Kirche von Wengen, offenbart eine andere Welt. Auf der gegenüberliegenden Seite liegen majestätisch der Peitlerkofel und die Puez-Geisler Gruppe. Über der Ortschaft Wengen, den dazugehörigen Weilern und der Kapelle erheben sich die steilen Wände des Kreuzkofels. Mit Staunen muss man zur Kenntnis nehmen, dass es inmitten einer erschlossenen und ruhelosen Dolomitenlandschaft so urtümliche Orte voller Ruhe gibt. Egal an was wir glauben, wenn wir uns auf der Bank vor der Kapelle niederlassen um die Ruhe in uns aufzusaugen, werden wir ganz einfach zurückfinden in die Welt, aus der wir einst gekommen sind …

Anfahrt: Von Brixen kommend durch das Pustertal Richtung Bruneck. Kurz vor Erreichen der Stadt Bruneck rechts ins Gadertal abbiegen und weiter bis nach Pederoa, einem Ortsteil von Wengen. Dort links abbiegen, hinauffahren in die Ortschaft bis zur Kirche und gleich danach rechts abbiegen. Weiterfahrt Richtung Runch bis zu einer Straßenkreuzung auf der Höhe der Barbara-Kapelle. Von dort kann man auch den Turm der alten Kirche, einst das religiöse Zentrum des Dorfes Wengen, sehen. Rechter Hand gibt es einen kleinen Parkplatz.

Der Weg: Vom Parkplatz wandert man durch die Häusergruppe hindurch bis zur alten Kirche und an dieser vorbei hinauf zur Barbara-Kapelle. Ca. 15 Minuten.

Wandervorschlag: Über den Besinnungsweg „memento vivere" zur Kapelle. Ausgangspunkt des Weges ist das Dorfzentrum von Wengen. Man wandert an der Kirche vorbei, biegt gleich danach rechts ab und geht entlang des Friedhofes aufwärts. Am Ende des Friedhofes geht es links weiter. Der Weg ist mit schönen Holzschildern gekennzeichnet. Entlang des Weges sind fünf Stationen zum Thema „memento vivere" („vergiss nicht zu leben") errichtet worden. Jede Station beschäftigt sich mit einem Lebensabschnitt und trägt ein biblisches Zitat als Titel. In der Pfarrkirche oder im Tourismusbüro ist ein erklärendes Begleitblatt zum Besinnungsweg erhältlich. Für den Aufstieg benötigt man ca. 45 Minuten, dabei gilt es 160 Meter Höhe zu überwinden.

TIPP

Hotel Pider
Viel Holz und eine heimelige Atmosphäre empfangen den Gast auf 1350 m Meereshöhe. Der Blick auf die zum Greifen nahen Dolomiten ist atemberaubend, die Ortschaft Wengen garantiert Ruhe und Behaglichkeit. Die Küche überrascht mit typischen Speisen aus dem ladinischen Raum, während das Wandern, Bergsteigen und Bergradfahren direkt vor der Hoteltüre beginnen kann.

San-Senese-Straße 22
I-39030 Wengen
Tel.+39 0471 843129
reception@pider.info
www.pider.info

DER HEXENSTEIN

Ständig laufen wir der Zeit hinterher, ohne sie jedoch einzuholen. Manchmal denke ich mir, dass uns die Zeit nur davonläuft, weil wir ihr ständig hinterher eilen.

Immer wieder finden sich in Südtirol große Steine oder riesige Blöcke, die irgendwo in der Landschaft liegen und aussehen, als ob sich einst die Riesen mit ihnen vergnügt hätten. Oder die Hexen, zusammen mit dem Teufel …

Wie sonst wären diese tonnenschweren Kolosse auf offene Weiden, Berghöhen und in Waldlichtungen zu liegen gekommen? Oft fanden diese Findlinge als Grenzmarkierungen oder Gedenksteine Verwendung, manchmal auch als Kultplatz.

Die einfache Erklärung der großen Gletscher, die den Transport dieser Kolosse übernommen hatten, um sich dann spurlos zurückzuziehen, wollte man nicht so recht in Betracht ziehen. Die Hexen und ihr Treiben erregten die Gemüter und setzten der menschlichen Phantasie keine Grenzen …

So liegt denn auch der Hexenstein von Vintl einsam mitten im Wald auf der alten Wallanlage, die „Bergl" genannt wird. So ein Klotz konnte wohl nur mit Hilfe von Zauberei bis hierher transportiert worden sein.
Heute führt ein verfallener „Trimm dich Pfad" zum Hexenstein und an diesem vorbei. Ein Zeugnis der Südtiroler Tourismustreibenden, die schon immer der momentanen Mode nachhetzten. Die Mode ist ein schnelllebiges, kapriziöses Fräulein, was man am „Trimm dich Pfad" erkennen kann, der einerseits noch ausgeschildert, andererseits ein vergammeltes Instrumentarium einstiger Fitness ist. Der Hexenstein hingegen war immer schon dort und auch heute mag ihn keiner verschieben. Die alten Geheimnisse kommen selten aus der Mode …

Anfahrt: Von Bozen oder vom Brenner kommend über die Brennerautobahn bis zur Ausfahrt Pustertal. Weiter auf der Pustertaler Staatsstraße bis nach Niedervintl und dort Richtung Pfunders abzweigen. Im Ortskern von Vintl liegt linker Hand die Raiffeisenkasse (Schild), bei der es auch einen Parkplatz gibt.

Der Weg: Vom Parkplatz bei der Raiffeisenkasse folgen wir dem Fitnessparcours, der blau-weiß markiert ist. Und zwar gehen wir gleich am Beginn des Weges nach links über den breiten Waldweg ansteigend bis zur ersten Kehre. Dort verschwindet der Weg links im Wald; die Abzweigung ist schlecht gekennzeichnet und einfach zu verpassen! Bald schon erreicht man einen breiten Waldweg, der direkt zum Hexenstein führt (Wegkreuzung). Immer auf dem Weg mit der blau-weißen Markierung, vorbei an einem Bildstock, wandern wir weiter durch den Wald, bis kurz vor einem Bauernhof der Weg links hinunter und so zurück zum Ausgangspunkt führt. Die Markierung ist zum Teil schlecht, deshalb besonders bei den Wegkreuzungen auf den richtigen Weiterweg achten! Für die Rundwanderung werden ca. 1–1 ½ Stunden benötigt. 100 m Höhenunterschied. Einfache Wanderung, beim Rückweg kurzer Abschnitt auf schmalem Steig.
Man kann aber auch in ca. 40 Minuten nur zum Hexenstein hin- und wieder zurückwandern.

TRADITIONELLE EINKEHREN

DAS GASTHAUS GEMSE — PLANEIL/MALS

Die Freundlichkeit und Gastlichkeit nach der wir so oft verzweifelt suchen, hat sich in die entlegensten Winkel des Landes verzogen. Der Gasthof Gemse ist so ein „Winkel" …

GASTHAUS GEMSE
I-39024 Planeil/Mals
Tel. +39 0473 831148
Fax +39 0473 840979
info@gasthof-gemse.it
www.gasthof-gemse.it

Anfahrt: Von Meran durch das Vinschgau oder über den Reschenpass jeweils bis nach Mals. Von dort der Beschilderung nach Planeil folgen.

Als ich das letzte Mal in der Gemse einkehrte um einen „Kapuziner" zu trinken, saß der Hausherr mit seiner Frau und einigen Gästen am Nebentisch. Die fröhliche Runde lachte und lachte und konnte nicht aufhören zu lachen; ich musste einfach mitlachen … Ruhe gibt es ohne Ende in dieser Umgebung, in diesem Ort und im Gasthof Gemse. Die neu renovierten Zimmer, sowie eine Ferienwohnung umfangen den Gast mit heimeliger Gemütlichkeit, wenn er im Sommer zu Fuß oder mit dem Bergrad von einer der vielen Touren im Tal zurückkehrt. Im Winter ist die Gemse ein günstig gelegener Ausgangspunkt für Schneeschuhwanderungen oder Skitouren.
Touristenrummel ist hier oben noch ein Fremdwort … Vielleicht möchte man sich nur ausruhen von der Hektik der restlichen Welt, lesen, ein Buch schreiben, meditieren oder andere, von der Gesellschaft als „unnütz" bezeichnete Dinge tun. Dabei soll hier das körperliche Wohlbefinden nicht zu kurz kommen. Der Hausherr steht selbst am Herd, viele Produkte werden im hauseigenen Garten angebaut, das Fleisch liefert ein Bauer aus der Umgebung, die Marmeladen sind selbstgemacht, der Kräutertee wird noch aus Kräutern gebraut und der Speck nach alter Tradition gewürzt und geräuchert. Ich kann mir kaum vorstellen, dass Langeweile ein Thema in der Gemse sein wird! Aber zur Sicherheit werden dem Gast der Gemse Vergünstigungen in den Sportanlagen des nahe gelegenen Dorfes Mals gewährt.

GRÜNER UND GRÜNER — KARTHAUS/SCHNALS

Im Schnalstal ist die moderne Zeit mit Riesenschritten ins Talende geeilt und hat dabei Karthaus übersehen …

Die Grüner sind „Schnalser" und die Grüner sind Macher! Mitten am Dorfplatz von Karthaus, angesiedelt in den Überresten der alten Klosteranlage, liegt das Restaurant Grüner. Autofreie Ruhe kann man auf der Terrasse des Restaurants genießen, während man die Kinder sorglos den Bronzemönchen am Dorfbrunnen übergeben kann. Ein Speisezettel, der sich ein paar Mal die Woche verändert, kündet von einer gutbürgerlichen Küche, so wie sie eben in dieser Berggegend immer schon war. Viel Grünzeug, vegetarisch muss nicht langweilig schmecken, bietet das Restaurant und auf Anfrage wird gluten-frei gekocht! Im Restaurant Grüner werden Nudelwochen angeboten, beim Nachbar Paul Grüner in der Goldenen Rose sind es Knödelwochen. Natürlich ist das Eis im Restaurant Grüner hausgemacht, allerdings kommt es nicht vom Gletscher so wie die neue Kosmetik-Linie „Glacisse" vom Paul. Paul Grüner war schon immer ein Fuchs, davon könnte ich ganze Bücher vollschreiben! Glacisse kommt vom Schnalser Gletscher: Ein Glimmerschiefer-Extrakt und reinstes Wasser, das aus einer auf 2843 m Höhe entspringenden Quelle stammt. Unsere Haut, ein sehr sensibles Organ, will schließlich gezielt gepflegt sein! Wer sich zudem noch erholen möchte, ist in der Goldenen Rose am rechten Ort. Rosenzimmer, Malvenzimmer, Nelkenzimmer, was muss man dazu noch schreiben! Essen kann man im Restaurant Grüner oder in der Goldenen Rose, die sich mit Produkten aus dem eigenen Garten versorgt und bei den „Einheimischen" einkauft. In der Gaststube kann man mit den Schnalsern bei einem Glas Wein bis weit in die Nacht hinein diskutieren, Paul Grüner, der Grüner von der Goldenen Rose, weiß das Feuer bis in die kleinen Stunden hinein am Leben zu erhalten.

RESTAURANT GRÜNER
I-39020 Karthaus im Schnalstal
Tel. +39 0473 679104
restaurant.gruener@rolmail.net
www.restaurant-gruener.com

HOTEL GASTHOF ZUR GOLDENEN ROSE
I-39020 Karthaus im Schnalstal
Tel. +39 0473 679130
Fax +39 0473 679115
info@goldenerose.it
www.goldenerose.it

Anfahrt: Von Meran oder vom Reschenpass kommend auf der Vinschgauer Staatsstraße bis kurz nach, bzw. vor Naturns fahren und dort ins Schnalstal abzweigen. Weiter durch das Tal, bis eine kleine Straße links hinauf nach Karthaus führt.

ANSITZ MAIR IM KORN ALGUND

Immer wieder findet sich inmitten des Kurstadtlärms ein Plätzchen, das den ruhesuchenden Menschen heimelig umschließt …

Viel Neues und Erneuertes gibt es in Meran und Umgebung, leider ist sehr wenig davon nennenswert. Bemerkenswert jedoch ist der Ansitz Mair im Korn, das erste Mal im 12. Jahrhundert urkundlich erwähnt und zusammen mit der Hauskapelle als Ganzheit vorbildlich erhalten. Die Meierhöfe haben zur Zeit der Fürstbischöfe von Brixen für diese die Steuern eingetrieben, die auch in Form von Korn bezahlt wurden. Im Jahre 1749 schien der hl. Nepomuk wohl einen guten Tag gehabt zu haben, denn er bewahrte den Ansitz vor den reißenden Fluten des nahen, über die Ufer getretenen Baches. Dafür wurde ihm eine Kapelle errichtet, angrenzend an das Gehöft. Sie diente nicht nur als Hauskapelle, sondern war eine „öffentliche Capellam", in der laut päpstlicher Bewilligung „öffentlich Möss zu halten" erlaubt wurde. 1984 wurde das Anwesen, auf dem heute Obst- und Weinbau betrieben wird, zum Erbhof erhoben. Aus den drei neu errichteten Ferienwohnungen „Nepomuk, Jakobus und Bacchus", die sich im Nebengebäude befinden, bietet sich ein herrlicher Tiefblick auf den Meraner Talkessel. In Holz gehalten, sind sie zudem großzügig und geschmackvoll eingerichtet. Die alten Mauern, die diese kleine Oase umschließen, entrücken den Gast in eine Welt der Ruhe, weitab von Neuem und Erneuertem.

ANSITZ MAIR IM KORN
Familie Clementi
Mair-im-Korn-Straße
Dorf 9
I-39022 Algund
Tel. +39 0473 448551
info@ansitzmairimkorn.it
www.ansitzmairimkorn.it

Anfahrt: Über die Schnellstraße MeBo, die Ausfahrt Meran Nord/Algund benutzen, rechts abbiegen und Richtung Meran bis zur Ampel vor dem Krankenhaus fahren. Links abbiegen und immer auf dieser Straße bleiben bis links eine kleine Straße (Walser Straße – Beschilderung Algund) abzweigt. Immer auf dieser geradeaus weiter bis zum Ansitz.

DAS GASTHAUS LAMM – MITTERWIRT ST. MARTIN/PASSEIER

Im Lamm muss die Küche immer schon gut gewesen sein, denn der Hofer, Sandwirt und Oberkommandant von Tirol, war dort zu Gast!

Ein traditionsreiches Haus, ein echtes Dorfgasthaus inmitten der Fußgängerzone von St. Martin in Passeier. Die Modernisierung dieses Betriebes aus dem Jahre 1777 ist in die „verkehrte" Richtung gegangen. Vor einigen Jahren wurde das Haus baulich rückgeführt in die Zeit, aus der es stammt. Die gemütliche Stube aus dem 18. Jahrhundert, ein kleiner Garten, eine Terrasse und die gut gelungene Mischung aus traditionsreicher und moderner Küche geben dem eigensinnigen Gastwirt wieder einmal recht.
Beim Speisen möchte der Reisende die Ruhe genießen, in einer Umgebung, die ihn daran erinnert, dass seine Reise durch eine Gegend mit einem ganz besonderen Charakter führt. Der Wein im Lamm kommt ausschließlich aus Südtirol, denn verstecken muss man ihn nicht mehr, den guten, einst so sauren Tropfen. Auch die Ingredienzien, die in der Küche verwendet werden, haben keine lange Anreise hinter sich. Bachsaiblinge aus der nahen Fischzucht, Gemüse von den Bergbauernhöfen der Umgebung, ebenso wie der gut gewürzte und geselchte „Bauernspeck", für den nicht die Bauern aus dem Passeiertal herhalten müssen, sondern ihre eigens dafür gezüchteten Schweine. Das Tagesgericht hat sich im Lamm seinen Namen redlich verdient; es wechselt nämlich jeden Tag! Was logisch erscheinen mag, ist nicht immer die Regel!

GASTHAUS LAMM
Dorfstraße 36
I-39010 St. Martin/Pass.
Tel. +39 0473 641240
Fax +39 0473 641474
info@gasthaus-lamm.it
www.gasthaus-lamm.it

Ostern–Ende Oktober: Küche mittags und abends geöffnet;
Winter täglich zu Mittag sowie Mittwoch, Donnerstag, Freitag und Samstag auch abends.
Neu: ab November 2010 ist der Ruhetag Sonntagabend und Montag ganztägig.

Anfahrt: Von Meran durch das Passeiertal oder von Sterzing (Autobahnausfahrt) über den Jaufenpass bis nach St. Martin. Das Wirtshaus liegt am Dorfplatz in der Fußgängerzone im Zentrum von St. Martin. Mehrere Parkmöglichkeiten in der Ortschaft.

DIE VILLA BERGHOFER — RADEIN

Dort wo das Land Tirol fast zu Ende ist, gibt es noch unberührte Natur. Stille liegt über der Landschaft. Man hat den Winkel übersehen oder vergessen. Gut so …

VILLA BERGHOFER ****s
SPA – RESTAURANT
Renate Ortner-Huber
I-39040 Radein 54
Tel +39 0471 887150
Fax +39 0471 887069
info@berghofer.it
www.berghofer.it

Betriebsdauer: Mai bis Oktober und Weihnachtsferien
Ruhetag: Dienstag

Anfahrt: Über die Brennerautobahn A22 bis zur Ausfahrt Neumarkt/Auer. Weiter über die Staatsstraße SS48 Richtung Cavalese/Val di Fiemme. Nach 20 km bei Kaltenbrunn links abbiegen und hinauf nach Radein.

GPS-Koordinaten:
East 11'23'46
North 46'20'37

In Radein gibt es nichts … Äußerst schlecht, denn im Tourismusgeschehen darf keine Langeweile aufkommen. Nun denn, wer sich vor der Langeweile nicht fürchtet, ist hier am rechten Platz. Von der Villa Berghofer, bei der die absolute Ruhe immer allgegenwärtig ist, kann der Blick über die Landschaft streifen, bis er am Horizont an die Gletscherflächen der Adamellogruppe stößt. Wer das Schauen wieder erlernen möchte, kann es hier üben. Von der Veranda und den Balkonen der einzelnen Suiten erblickt der Betrachter den jeweiligen Berggipfel, der dem Zimmer seinen Namen leiht. 14 Suiten und ein Chalet stehen beim Berghofer zur Auswahl. Der Duft des Zirbelholzes, mit dem die meisten Wohnräume getäfelt sind, weckt Sehnsüchte nach knorrigen Bergwäldern und sorgt für einen wohltuenden, tiefen Schlaf. Beim Umbau im Jahre 2007 ist dem Architekten ein guter Streich gelungen. Kein Südtiroler „Streich", denn das Haus aus den 60er Jahren wurde nicht abgetragen, sondern die bestehende ländliche Architektur wurde mit herrschaftlich Großzügigem vermischt. Auch das Mobiliar und die Innenausstattung sind ein wohltuendes Allerlei aus Traditionellem und Modernem. Finnische Sauna, Dampfbad, Kneipptretbecken, ein beheizter Pool, damit man das Wasser auch noch im Herbst genießen kann. Ein Lesezimmer mit, man höre und staune, Literatur in drei Sprachen. Endlose Wanderungen, die nahen Dolomiten.

DER BOTENHOF SARNTAL

Wir müssen der Vergangenheit nicht nachtrauern, wir müssen sie einfach nur erhalten.

Immer noch blickt die mächtige und unnahbare Burg Reinegg auf den Hauptort des Sarntales. Auch heute noch ist der Zugang zum Schloss dem gemeinen Mann aus dem Volke verwehrt. Der Botenhof aus dem 16. Jahrhundert ist eng verbunden mit der Geschichte der Burg, denn hier wohnten die Boten der nahe gelegenen herrschaftlichen Gehöfte, die allesamt zur Burg gehörten. Der Beibehaltung der ursprünglichen Einfachheit des Bauernhauses wurde während der Erneuerung besondere Aufmerksamkeit gewidmet. Dafür wurde das Holz im eigenen Wald geschlagen, Steine wurden in der näheren Umgebung gebrochen und die Außenwände verputzte man mit Kalk. Im Botenhof entstanden während des Umbaus zwei Ferienwohnungen, ebenfalls im traditionellen Stil, mit Holzböden, Betten aus Zirbelholz, wobei die Schafwollmatratzen für eine besonders gute Nachtruhe sorgen, wenn diese nicht von den Hexen im Turm von Schloss Reinegg gestört wird! Das kräftige Frühstück, das eine Fülle an wohlschmeckenden und gesunden Erzeugnissen aus der hofeigenen Produktion bietet, wird in der barocken Familienstube serviert. Im Sommer wird am Botenhof im eigenen Backofen echtes Südtiroler Brot gebacken. Kinder sind am Hofe immer schon eine Selbstverständlichkeit gewesen und sind es immer noch. Wenn die Eltern den Urlaub einmal alleine genießen möchten, können sich die Sprösslinge in der Zwischenzeit am Gehöft mit eigener Betreuung austoben. Das Bauernhaus liegt zudem direkt am Tal-Rundweg. Wer höher hinaus möchte, kann auf die Sarner Scharte wandern, um dort die Einsamkeit und den Ausblick hinüber auf die Brenta und Adamello-Gruppe genießen.

BOTENHOF
Familie Premstaller
Steet 16
I-39058 Sarntal
Tel. +39 0471 623377
oder +39 0471 623476
info@botenhof.com
www.botenhof.com

Anfahrt: Von Bozen durch das Sarntal bis kurz vor Sarnthein oder von Sterzing über das Penserjoch bis kurz nach Sarnthein. Von Bozen kommend rechts, von Sterzing kommend links auf die Höfestraße abbiegen und der Beschilderung zum Botenhof folgen.

DER RIELINGER HOF — SIFFIAN/RITTEN

Die Welt des Bauern am steilen Hang ist eine harte. Doch wer die Scholle nicht kennt, wer kein Land, und ist es noch so klein, sein Eigen nennen kann, der wird nie verstehen können was den Bauern hier oben festhält …

RIELINGER HOF
Siffianer Leitach 7
I-39054 Siffian/Ritten
Tel./Fax +39 0471 356274
info@rielinger.it
www.rielinger.it

Anfahrt: Über die Brennerautobahn A22 bis zur Ausfahrt Bozen Nord, dann der Beschilderung zum Ritten folgen. Zwischen Unterinn und Klobenstein rechts abbiegen nach Siffian (Straßenschild) und von dort der Beschilderung zum Rielinger Hof folgen.

Ein Bauernhof aus dem 13. Jahrhundert mit intakter Bausubstanz und Zimmern, die mit Respekt auf die Bauweise renoviert wurden. Ich habe viele Orte auf unserer Weltkugel besucht, in denen das 13. Jahrhundert ein Fremdwort war! Der Rielinger Hof, inmitten von Weinbergen und Obstbäumen hoch über dem Eisacktal gelegen, mit einem fast schon atemberaubenden Blick auf den nahen Schlern, ist ein Zeugnis dafür, dass sich der Mensch sehr wohl außerhalb von Stahl und Beton wohlfühlen kann! In den Ferienwohnungen im angrenzenden Neubau, der im Stil des alten Gehöftes errichtet wurde, herrscht ebenfalls ein gesundes und heimeliges Wohnklima vor. Die Weinbauernfamilie Messner keltert seit Generationen den Wein selbst. Hier kann der Gast einen Vernatsch, Zweigelt, Kerner und einen Blatterle verkosten. Die Buschenschenke ist nicht nur zur Törggelezeit, sondern täglich zu Mittag und auf Vorbestellung auch abends geöffnet. Auch Käse, Brot, Speck und Butter liefert das Gehöft. Im Sommer werden das Gemüse und die Kräuter aus dem Bauerngarten in den hausgemachten Speisen einer überlieferten Tiroler Küche verarbeitet. Ob nun der Gast unterm Jahr im Rielinger Hof einkehrt, oder als Urlauber auf dem Bauernhof weilt, die Ruhe, nach der wir so oft suchen, wird er hier immer finden!

DER UNTERPLATTNERHOF — VERDINGS/KLAUSEN

Palast-Hotel, Riz und Hotel Sacher; Urlaubsstress, Hektik, Anzugszwang und gutes Benehmen ... Ein Holzhaus, Ruhe, am Horizont die bleichen Berge. Einfachheit ist was wir suchen; wir wissen es nur nicht ...

Wir können nur hoffen, dass der Bauer am Hang bleibt. Ein karges Dasein und harte Arbeit. Eine Heimat auf der anderen Seite, eine Heimat voller Sorgen, aber auch angefüllt mit dem Bewusstsein Herr zu sein, angefüllt mit dem Stolz, den uns sichtbare und sich wandelnde Arbeit verleiht. Und das Erkennen, diese Dinge mit einer Menschheit teilen zu können, die sich hektisch und ohne Einhalt dem Abgrund nähert. Am Berghang oberhalb von Klausen, auf der Sonnenseite des Eisacktales, hat die Familie Kerschbaumer neben ihrem Bauernhof zwei Holzhäuser aus unbehandeltem Holz errichtet. Die hoffentlich immerwährende Wärme der Sonne heizt die Häuser, deren Glasfront nach Osten ausgerichtet ist und die sich komplett öffnen lässt, um so den großen Innenraum mit unserem eigentlichen Lebensraum, der Natur, zu verbinden. Ein kleiner Kräuter- und Blumengarten vor jedem Haus lädt zum Betrachten, Verkosten und Sinnieren ein, je nach Jahreszeit stehen dem Gast die Produkte aus der angrenzenden Landwirtschaft zur Verfügung. Die Umgebung ist wie geschaffen für geruhsame Wanderungen und ist in den Wintermonaten ein Südtiroler Geheimtipp. Schneeschuhwandern, Rodeln und Skitourengehen bieten sich dem sportbegeisterten Gast, Wanderungen durch die verschneiten Wälder und über frostige Wiesen mit uneingeschränktem Blick auf die nahen Dolomiten sind Balsam für die Seele des Ruhe suchenden Gastes.

UNTERPLATTNERHOF
Unterplattner 4
I-39043 Verdings/Klausen
Tel. +39 0472 855585
Fax +39 0472 855585
unterplattner@dnet.it
www.unterplattnerhof.com

Ganzjährig geöffnet
kein Ruhetag

Anfahrt: Über die Brennerautobahn A22 bis zur Ausfahrt Klausen. Weiter über Feldthurns Richtung Latzfons. Auf Halbweg zwischen Feldthurns und Latzfons liegt linker Hand die Ortschaft Verdings. Im Dorfzentrum rechts weiter und der Beschilderung talwärts zum Unterplattnerhof folgen.

DAS NATURHOTEL ROGEN SPINGES/MÜHLBACH

Unser Land ist voller Natur, solange man den Sachverhalt aus der Ferne betrachtet. Spinges hält auch eine nähere Betrachtung aus ...

NATUR UND AKTIV HOTEL ROGEN
Fam. Rogen
I-39037 Spinges-Mühlbach
Tel. +39 0472 849478
Fax +39 0472 849830
info@hotel-rogen.it
www.hotel-rogen.it

Anfahrt: Über die Brennerautobahn bis zur Ausfahrt ins Pustertal. Auf der Staatsstraße kurz Richtung Bruneck, dann links abbiegen und der Straßenbeschilderung nach Spinges folgen. Über eine kurvenreiche Straße hinauf zum Hotel, das am Ortseingang liegt.

Das ganze Land ist vollgestopft mit Natur, die sich, aus der Ferne betrachtet, von ihrer allerbesten Seite zeigt. Wagt man sich näher heran, so muss man wohl zur Kenntnis nehmen, dass den Bürgern des kleinen Alpenkönigreiches Südtirol die Natur manchmal gar arg in die Quere kam. Dem ist nicht so in Spinges. Dort hat man sich mit der Natur arrangiert und daraus ist eine Kombination entstanden, die den Ruhesuchenden seinen ansonsten vielleicht hektischen Alltag schnell vergessen lässt. Das Naturhotel Rogen, am Rande des kleinen Dorfes gelegen, bietet einen uneingeschränkten Blick über das Eisack- und das Pustertal, bis weit hinein in die nahen Dolomiten. Es ist umgeben von Bergwiesen, Feldern und den nahen Wäldern, sodass man nur vor die Türe zu treten braucht, um sich in einer unberührten Landschaft wiederzufinden. Kein Wunder also, dass die Familie Rogen ihre Gäste in die Stille der Natur statt in den Rummel der Stadt entführt. Einmal in der Woche führt der Ausflug hinauf auf die hauseigene Almhütte, wo eine kräftige Brotzeit auf den Wanderer wartet. Um sich die Muskeln für den darauffolgenden Tag zu lockern, wo eine geführte Wanderung auf die Fane oder die Rodenecker Alm führt, kann man ein paar Runden im überdachten Panoramaschwimmbad drehen, die Finnische Sauna, das Dampfbad oder die Stadelsauna besuchen. Der Hunger, der sich inzwischen eingestellt hat, wird mit einer Auswahl an Vollwertgerichten, deren Zutaten der eigene Bauernhof liefert, gestillt.

NATUR PUR IM HOTEL UNTERPICHL ST. WALBURG/ULTEN

Entspannung und Erholung braucht der Geist ebenso wie der Körper. Nicht das Nichtstun, sondern das was wir im täglichen Leben nicht tun gibt uns die ersehnte Ruhe …

Das Ultental ist eine der wenigen naturbelassenen Landschaften Südtirols. Auch die Ortschaften haben sich gesträubt mit der großen Tourismusentwicklung im Lande mitzuhalten. Im Hotel Unterpichl in St. Walburg finden wir eine Ursprünglichkeit, die nur jemand schaffen kann, der in dieser Umgebung aufgewachsen ist. Die Gemächlichkeit und Naturverbundenheit, die ein Mensch erlebt, wenn er am Bergbauernhof groß geworden ist, haben die Gastgeber des Hotels mit ins Tal gebracht und für ihre Gäste bewahrt. Auch in den Gerichten, die hier dem Reisenden geboten werden, spiegelt sich die Tradition der Bergbauern wider. Getreide, Kräuter und Wildkräuter, sowie Fleisch und andere Produkte aus der nahen Umgebung geben den Gerichten einen feinen regionalen und traditionellen Anstrich. Die Wanderwege starten vor der Haustüre und führen weit hinauf in den unberührten alpinen Raum des Tales. Entlang der Wege liegen über 40 Almen, die zur gemütlichen Einkehr verleiten. An drei Wochentagen wird der Reisende, der sein Domizil im Hotel Unterpichl hat, von eigenen Wanderführern über einsame Pfade begleitet, die an den uralten Bergbauernhöfen und durch eine weitgehend unberührte Naturlandschaft führen. Wer die Ruhe sucht, den engen Kontakt mit der Natur, wer Geist und Seele über die Landschaft streifen lassen möchte, der ist hier genau richtig …

NATUR-PUR-HOTELS
Unterpichl 293/b
I-39016 St.Walburg/Ulten
Tel. +39 0473 795479
Fax +39 0473 795525
info@natur-pur-hotels.com
www.natur-pur-hotels.com

Anfahrt: von Meran oder von der Ausfahrt Lana der Schnellstraße MeBo nach Oberlana bis zum zweiten Kreisverkehr und dort der Beschilderung ins Ultental folgen. Weiter bis nach St. Walburg, ca. 1 km nach dem Ortszentrum rechts.

EINKAUFTIPPS

Metzgerei Gruber

Seit 1925 kümmert sich die Familie Gruber um das leibliche Wohl der Ultner. Später kamen dann die „Stadtler“ und Touristen ins Tal, um sich bei der Metzgerei Gruber mit Fleisch- und Wurstwaren zu versorgen. Besonders beliebt sind die Kamin- und Wildkaminwurzen, die nach altem Familienrezept hergestellt und traditionell mit Buchenholz geräuchert werden. Im Sommer werden fein gewürzte Grillspezialitäten angeboten, zudem täglich Hühner vom Grill und warmer Leberkäse aus der Eigenproduktion. Das Fleisch kommt von den Bauernhöfen aus der Umgebung. Im Geschäft in St. Walburg wird dem Einheimischen und Urlauber außerdem eine reichlich bestückte Lebensmittelecke geboten.

Fam. Gruber
I-39016 St. Walburg/Ulten
Tel. +39 0473 795348
I-39010 St. Pankraz
Tel. +39 0473 787110

Kräuterreich Wegleit

Der Wegleithof liegt auf 1200 m am Sonnenhang des Tales, der sich ganz besonders für den Anbau von Heil- und Gewürzkräutern eignet. Aufzucht, Anbau und Verarbeitung der biologisch herangezogenen Kräuter zu Salben, Salz und Kräutersalz erfolgen direkt am Hof. Eine Besonderheit sind die Rosenprodukte – es gibt Teemischungen, Rosen für Farb- und Dufttherapie und Rosen zum Färben von Wolle. Die Wolle der 25 Angoraziegen und einiger Schafe wird zu Strickwolle, Pantoffeln und handgewebten Produkten weiterverarbeitet.
Ab-Hof-Verkauf: Di, Do und Sa von 16–18 Uhr. Den Sommer über finden zudem jeden Dienstag Hofführungen um 9.45 Uhr statt.

Fam. Schwienbacher Hannes
Wegleit 315
I-39016 St. Walburg/Ulten
Tel. +39 0473 795386
info@kraeuterreich.com
www.kraeuterreich.com

Biohof Unterschweig

Der Unterschweig-Hof, der zur Ortschaft St. Nikolaus gehört, liegt auf 1700 m Meereshöhe, weit entfernt vom nie endenden Lärm der Zivilisation. Hier am Hof, wo die Nacht noch kohlrabenschwarz ist, kann man gedankenverloren den Sternenhimmel betrachten. Ein typischer Ultner Hof, aus Holz erbaut und mit Lärchenschindeln eingedeckt. Im selben Stil ist das angrenzende Haus mit den beiden Ferienwohnungen gehalten.
Seit 1993 wird die gesamte Milch zu Bergkäse, Pfefferkäse, Weichkäse, Butter oder Joghurt verarbeitet. Besonders beliebt sind die verschiedenen Kräuterkäsesorten aus dem eigenen Kräuteranbau. Die Landwirtschaft stellt zudem alles was auf den Frühstücksteller kommt. Kinder sind hier stets willkommen und sind bestens aufgehoben bei der Arbeit im Stall.

Fam. Alois Berger
Unterschweig 267
I-39010 St. Nikolaus/Ulten
unterschweig@brennercom.net
www.uab.it/unterschweig

Latschenölbrennerei – Kräutergarten Bergila

Wenn sich drei Generationen erfolgreich mit ein und demselben Gewerbe befassen, ist die Garantie für ein außergewöhnliches Produkt gegeben. Nach alt überliefertem Verfahren werden im Familienbetrieb „Bergila" ätherische Öle und Kräuterprodukte hergestellt. Das Rohmaterial für die Kräuteröle, darunter Latschen- und Zirbelkiefer-, Fichten- und Wacholderöl usw. liefert hochalpiner Wildwuchs, der unter Aufsicht der Forstbehörde geschnitten wird. Die Öle werden naturbelassen und rein im eigenen Betrieb abgefüllt. Die im Wald gelegene Brennerei ist fast schon ein „perpetuum mobile"; nach der Wasserdampfdestillation wird das vorher gehäckselte Pflanzenmaterial zum Beheizen des Dampfkessels verwendet, das aufgeheizte Kühlwasser hingegen, das die eigenen Quellen liefern, „verwandelt" sich in Fernwärme für zwei in der Nähe gelegene Hotels. Besichtigungen von Mai bis Ende Oktober. Verkauf ganzjährig im Kräuterladen.

Niederkofler Franz
Weiherplatz 8 – Issing
I-39030 Pfalzen
Tel. +39 0474 565 373
info@bergila.com
www.bergila.it

Roatnockerhof

Die Getreidemühle des Roatnockerhofes, in früheren Zeiten hatte fast jeder Hof eine solche Mühle, ist weder im Museum noch im Ofen gelandet. Man kann sie im Rahmen einer Führung besichtigen und staunend wird man feststellen, dass sie voll funktionsfähig ist und auch noch regelmäßig benutzt wird. Für die traditionsbewusste Familie Weiss, die den Roatnockerhof bewirtschaftet, ist es wichtig das Erbe der Großväter zu erhalten und der Nachwelt Einblick in diese lang vergangenen Zeiten zu gewähren. So wird denn das eigene Getreide gemahlen, das gewonnene Mehl nach überlieferten Rezepturen zu Brotteig verarbeitet und im hofeigenen Ofen gebacken. Freitag ist Backtag auf dem Roatnockerhof, das echte Roggenbrot kann vorbestellt werden und wird sogar ins Haus geliefert!

Fam. Weiss
I -39010 Unsere Liebe Frau im Walde
Tel. +39 331 4420509

SÜDTIROLER QUALITÄTSPRODUKTE: EIN STÜCK NOSTALGIE IM EINKLAN

Das Erbe der Großväter und Väter weitertragen, die Scholle pflegen und erhalten, Althergebrachtes zu neuem Leben erwecken, dem Land Luft zum Atmen geben ...

Südtirol ist ein steiles Land, in dem sich der Anbau und die Produktion einer großen Anzahl von landwirtschaftlichen Produkten oft extrem schwierig gestaltet. Südtirol ist auch ein reiches Land, das sich den Import jeglicher Güter bequem leisten kann. Trotzdem hat man schon vor Jahren einen eigenen Weg beschritten und die in Südtirol hergestellten Produkte mit einem Gütesiegel versehen. Die Südtiroler Qualitätsprodukte, die unter diesem Siegel zusammengefasste Qualitätsware aus heimischer Produktion, umfassen inzwischen elf Sektoren. Es sind dies Milch & Milchprodukte, Brotspezialitäten inklusive Zelten & Apfelstrudel, Gemüse,

IIT DER NATUR

Beeren & Steinobst, Honig, Grappa, Obstprodukte, Heil- & Gewürzpflanzen, Fleisch vom Rind, sowie der Südtiroler Apfel und der Südtiroler Speck. Letztere beide tragen das EU-Gemeinschaftszeichen für Produkte mit geschützter geografischer Angabe (g.g.A).

Der ernährungs- und umweltbewusste Produzent geht bei den Südtiroler Qualitätsprodukten auf Nummer sicher. Lange, umweltbelastende Anfahrtswege sind ausgeschlossen, ebenso die Verarbeitung und Verpackung in fernen Ländern. Was in Südtirol wächst und produziert wird, bleibt zur Weiterverarbeitung im Land! Zudem sind die Südtiroler Qualitätsprodukte, die in einer unbelasteten Umwelt und unter strengen Kriterien hergestellt werden, reich an natürlichen Wirkstoffen. Laufend kümmern sich unabhängige Kontroll-

organe um die Einhaltung der strengen Auflagen, die von artgerechter Tierhaltung über die entsprechende Fütterung und die Gesundheit der Tiere sowie die fachgemäße Anwendung von organischen Düngemitteln bis hin zur Veredelung und Verarbeitung der Produkte reichen. Die Qualitätsvorschriften, die das Gütesiegel vorschreibt, liegen deutlich über dem gesetzlichen Standard und sind in einem Pflichtheft für jeden Produktsektor bindend vorgeschrieben. So kauft der Verbraucher beim Erwerb Südtiroler Qualitätsprodukte nicht nur geprüfte Lebensmittel von hoher Qualität, sondern er kann alle landwirtschaftlichen Produkte, die mit dem Gütesiegel versehen sind, transparent zu ihrem Ursprung zurückverfolgen.
Nicht nur, dass landestypische, regionale Kost wieder in Mode gekommen ist, auch der Konsument, sei es aus Südtirol oder aus dem Ausland, hat ein ausgeprägtes Umweltdenken entwickelt. Lebensmittel, die durch einen langen und unnötigen Transport die Umwelt zusätzlich belasten, werden gerne gemieden, um auf landeseigene Produkte zurückzugreifen. Der Griff nach Südtiroler Qualitätsprodukten birgt neben dem wirtschaftlichen Aspekt, von dem der lokale Wirtschaftskreislauf maßgebend profitiert, auch ein wenig Nostalgie. Die Südtiroler Qualitätsprodukte stehen für Heimat- und Naturverbundenheit, für eine Welt der Bauern, deren Existenz auf einem feinen Gleichgewicht zwischen Natur, Überleben und wirtschaftlichem Aspekt basiert. Gleichzeitig übernimmt der Produzent der Südtiroler Naturprodukte einen bindenden Auftrag dem Konsumenten gegenüber, denn er garantiert für die Qualität und Authentizität seiner Ware. Wer also Wert auf Güte und Herkunft von Lebensmitteln legt, ist bei den Südtiroler Qualitätsprodukten bestens bedient!

Das Qualitätszeichen „Qualität Südtirol" steht für Südtiroler Herkunft und geprüfte Qualität bei landwirtschaftlichen Produkten und Lebensmitteln.

Weitere Informationen zu den Südtiroler Qualitätsprodukten unter www.suedtirolerspezialitaeten.com – www.prodottitipicialtoadige.com

Qualität
SÜDTIROL

Hinweis: Das vorliegende Buch wurde sorgfältig erarbeitet. Dennoch erfolgen alle Angaben ohne Gewähr. Weder Autor noch Verlag können für eventuelle Nachteile oder Schäden die aus den im Buch vorgestellten Informationen resultieren, eine Haftung übernehmen.

© 2010 Tappeiner AG, Lana (BZ)
Alle Rechte vorbehalten

Das Werk, einschließlich aller seiner Teile, ist urheberrechtlich geschützt. Jede Verwertung außerhalb der engen Grenzen des Urheberrechtsgesetzes ist ohne Zustimmung des Verlages unzulässig und strafbar. Das gilt insbesondere für Vervielfältigungen, Übersetzungen, Mikroverfilmungen und die Einspeicherung und Verarbeitung in elektronischen Systemen.

Bildnachweis: Tappeiner AG, Tappeiner Airphoto, Rudi Grassl
Aries Creative Werbeagentur, Sirio / Peter Zöschg, Tourismusverein Sarntal
sowie Bilder aus dem Privatbesitz der Inserenten
Umschlagfoto: Tappeiner AG

Gesamtherstellung: Tappeiner AG, Lana (BZ)
www.tappeiner.it

Printed in Italy
ISBN 978-88-7073-511-6

TAPPEINER